소심한 나에게 필요한 **말들**

소심한 나에게 필요한 말들

초판발행 | 2023년 7월 21일
발행처 | 국민일보
등록 | 제1995-000005호
주소 | 서울 영등포구 여의공원로 101
전화 | 02-781-9870
홈페이지 | www.kmib.co.kr

ISBN 978-89-7154-360-3(03180)

소심한 나에게 필요한 말들

마음 근력 키우는 마음 글쓰기

이지현 지음

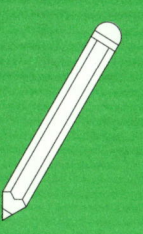

국민일보

목차

서문 • 8

1부 용기를 잃어버린 당신에게

1. 용기의 시작은 나를 발견하는 것 • 15
2. 고독을 잃어버린 세대 • 19
3. 고독의 근육 키우기 • 22
4. 외로움을 선택하라 • 26
5. 인정 중독에서 벗어나려면 • 30
6. 세상을 움직이는 조용한 리더십 • 34
7. 내 안의 늑대 길들이기 • 37
8. 우린, 그렇게 어른이 된다 • 41
9. '고난과 성장' 사이 • 45
10. 무장해제 시키는 말의 온기 • 50
11. 좋은 기억의 위로 • 54
12. 눈물과 웃음의 자리 • 58
13. 신의 함정 속으로 • 63
14. 혹한을 버티는 펭귄처럼 • 67
15. 언어의 처방전 쓰기 • 71
16. 플라스틱의 복수 • 75
17. 유머는 분노를 녹인다 • 79
18. 희망이 우리를 치유한다 • 83

19. 펩톡의 대가로 살기 • 86

20. 두려움에도 불구하고 • 89

21. 빛은 상처 난 그곳으로 들어온다 • 92

22. 피투성이라도 살아 있으라 • 96

23. 중력과 은총 • 100

24. 우린, 그렇게 아버지가 된다 • 104

25. 더 이상 성장할 수 없었습니다 • 108

26. 장래 희망은 '소년 할매'입니다 • 112

27. 여든이 되기 전에 • 116

28. 행복의 타이밍을 놓치지 않으려면 • 120

29. 나이 듦과 성장은 다르다 • 124

2부 혼자 할 수 있는 글쓰기

30. 자신의 감정에 솔직하기로 해요 • 130

   나를 깨우는 글쓰기 ①

31. 과거 행복했던 순간의 목록을 만들어 봐요 • 135

   나를 깨우는 글쓰기 ②

32. 격려 · 지지하는 말로 '내면 아이' 돌봐요 • 139

   나를 깨우는 글쓰기 ③

33. 가슴 먹먹해지는 음식을 떠올려 봐요 • 144

34. 지난날은 모두 '오늘'이었습니다 • 148

35. 시로 마음을 표현하세요 • 153

36. 삶의 속도를 늦추고 질문하십시오 "나는 누구인가" • 160

37. 내가 원하는 '나'로 살아요 • 165

수치심을 극복하는 글쓰기

38. '죽도록 미운 당신에게' 편지를 써요 • 170

보내지 않는 편지 쓰기

39. 슬픔이 위로를 만나면 행복이 될 수 있어요 • 174

감정을 다스리는 글쓰기 ①

40. 맑은 마음을 갖고 싶다면 긍정적인 생각을 더 많이 하세요 • 179

감정을 다스리는 글쓰기 ②

41. 지금 내 감정의 색깔은 무엇인가요 • 183

감정을 다스리는 글쓰기 ③

42. 나에게 너그러워지세요 • 188

감정을 다스리는 글쓰기 ④

43. 우리 누군가에게 의미 있는 존재입니다 • 193

가능성을 발견하는 글쓰기 ①

44. 매 순간 '삶의 의미'를 발견하고 싶다면 '블리스(Bliss)'하세요 • 197

　가능성을 발견하는 글쓰기 ②

45. 잃어버린 꿈을 찾으려면 '유년의 공간'을 기억하세요 • 201

46. 절망을 넘어설 때마다 인생은 다시 시작됩니다 • 206

　고난을 마주하는 글쓰기

47. 날 위해 기도하는 누군가 있으니 힘내요 • 211

　고난을 이기는 글쓰기

48. 열두 개의 행복을 만들어 봐요 • 215

　자연으로 돌아가는 글쓰기

49. 삶의 짐을 '갈대 상자'에 담아 보내요 • 220

　묵상을 위한 글쓰기

〈부록〉

1. 대화 기법 글쓰기 • 226

2. 순간 포착 글쓰기 기법 • 230

3. 의식의 흐름 글쓰기 • 233

4. 3인칭 글쓰기 • 237

5. '아직은 아니야' 목록 쓰기 • 241

6. 징검다리 글쓰기 • 244

서문 나에게 다가가는 한 걸음

　가끔 세상은 적극적이고 외향적인 사람을 선호하는 것처럼 보입니다. 각종 면접이나 사교적인 모임에서 외향적인 사람들을 좋아하는 경향이 있습니다. 이런 이유 때문인지 내향적이고 소심한 사람들은 자신에게 붙은 사교성 부족, 사회성 부족이란 이미지를 지우고 싶어 합니다.
　그러나 내향적이고 소심한 성격은 비난받거나 고쳐야 할 단점이 아닙니다. 오히려 소심한 성품이 강점이 될 때가 있습니다. 소심한 사람은 행동하기 전 상황에 대한 감각과 사건의 흐름을 감지하려고 애씁니다. 또한 사람들의 의견에 귀 기울여 주고 품어 줍니다. 필요에 따라 의견을 수용해 주고, 거절할 때도 상처 주지 않게 부드럽게 합니다.
　이 책을 읽고 있는 사람 중 절반 이상은 자신이 소심한 사람이라고 생각할 것입니다. 있는 그대로의 자기 모습을 받아들일 때 자신을 사랑할 수 있습니다. 자신을 사랑할 때 단점이 강점이 될 수 있습니다. 필자 역시 사람들 앞에 나서길 꺼리고 자신의 감정을 솔직하게 말하기 어려워하는 소심한 사람입니다. 그런 내가 좋습니다. 나는 나니까요.

우리는 살면서 많은 감정을 느끼지만 표현하지 못할 때가 많습니다. 특히 분노 우울 불안 같은 부정적인 감정들을 느끼고 표현하는 것 자체가 힘듭니다. 애써 외면하고 억누르지만 감정은 사라지지 않습니다. 무의식에 싸여 삶을 힘겹게 합니다. 요즘 내가 느끼는 감정은 무엇이고 내가 원하는 것이 무엇인지 알아간다면 마음의 불안감을 줄일 수 있고 자신이 원하는 삶의 방향을 찾을 수 있습니다.

자신을 알아가기에 가장 좋은 방법 중 하나가 글쓰기입니다. 막연한 불안감으로 마음이 불편할 때 머릿속에 맴도는 무형의 생각을 글로 표현하면 불안감이 줄어듭니다. 일기가 그렇듯 자신의 삶이 통과해 온 길을 줄기차게 기록하다 보면 자신에 대한 새로운 이해에 이르게 됩니다. 내가 몰랐던 나, 내가 느끼는 감정의 정체를 찾아보고 삶을 성찰할 수 있습니다. 글쓰기를 하면 자신도 몰랐던 의식의 심층까지 세심하게 관찰할 수 있어 일상의 고통과 스트레스를 극복하고 마음의 상처를 치유할 수 있습니다. 그런 의미에서 글쓰기는 마음을 종이 위에 드러내는 치유 행위입니다. 글쓰기가 마음 치유에 엄청난 힘이 있다는 사실은 국민일보 글쓰기 프로그램 '마음글방 소글소글'(일반, 심화)을 개발하고 강연하면서 확인할 수 있었습니다.

'소심한 나에게 필요한 말들'은 용기를 잃어버린 사람들에게 위안을 주고자 쓴 책입니다. 특히 삶의 방향성을 잃은 사람들이 글을 쓰면서 억눌렀던 감정을 표출하고, 자신에게 한 걸음 더 다가가길 바랍니다. 영미 시인 에밀리 디킨슨의 '내가 만일'이란 시에서처럼 누군가 단 한 명이라도 위로를 받고 용기 내길 소망합니다.

"내가 만일 애타는 한 가슴을 달랠 수 있다면/ 정녕 나의 삶은 헛되지 않으리라/ 내가 만일 한 생명의 아픔을 덜어 줄 수 있거나/ 괴로움 하나 달래 줄 수 있다면/ 헐떡이는 작은 새 한 마리 도와/ 둥지에 다시 넣어 줄 수 있다면/ 정녕 나의 삶이 헛되지 않으리라."

(에밀리 디킨슨의 '내가 만일' 중)

책의 1부 '용기를 잃어버린 당신에게'는 삶이 힘겨울 때 펼쳐 보면 용기를 낼 수 있는 생각들을 담았습니다. 2부 '혼자 할 수 있는 글쓰기'는 자아를 찾아가는 치유 글쓰기입니다. 글쓰기를 통해 어린 시절의 고통스러운 기억에서 벗어나도록 도와주고, 긍정적인 관점에서 청소년 시절의 경험들을 회상하도록 도와주며, 어제오늘의 크고 작은 실수들로 인한 감정적 혼란을 극복할 수 있게 돕습니다.

'부록'엔 대화 기법 글쓰기, 순간 포착 글쓰기 기법, 의식의 흐름 글쓰기, 3인칭 글쓰기, '아직은 아니야' 목록 쓰기, 징검다리 글쓰기 등 6가지 글쓰기 기법을 수록했습니다. 내 안에 있는 것이 무엇인지, 내가 원하는 삶이 어떤 것인지 찾도록 돕습니다.

바로 지금 여기, 있는 그대로의 나를 바라보고 인정하는 것, 바로 치유의 출발점이자 완성입니다. 나의 걸음 하나하나가 삶과 소명이라는 도착점에 조용히 그리고 서서히 통합될 것입니다.

2023년 7월 이지현

1부

●

용기를 잃어버린
당신에게

1

용기의 시작은 나를 발견하는 것

인간은 가치 있는 일 앞에 섰을 때 '아름다운 두려움'이란 용기를 내게 됩니다. '용기'란 두려움이 없는 상태가 아니라 두려움에도 불구하고 자신이 무엇을 두려워하는지 알고 맞설 각오를 하는 것입니다. 따라서 용기는 두려움이 없음을 의미하는 것이 아니고, 두려워하는 것을 담대한 마음으로 행하는 것입니다.

용기의 반대말은 '두려움'이 아닐까요. 우리가 일상에서 느끼는 두려움의 종류는 많지만, 주로 새로운 일을 시작하기 전이며 이때 필요한 것이 용기입니다. 상담가들은 두려움을 용기로 바꾸려면 '자기 긍정'이 아닌 '자기 수용'이 먼저라고 말합니다. 자기 긍정이란 어떤 일을 할 수 없으면서도 '나는 할 수 있다', '나는 강하다'라고 스스로 암시하는 것입니다. 자기 수용은 어떤 일을 하지 못하는 나를 있는 그대로 받아들이고, 할 수 있는 만큼만 하는 것입니다. 즉 변할 수 있는 것과 없는 것을 구분하고, 있는 그대로의 자신을 받아들이는 것입니다.

우리가 두려움을 못 벗어나는 이유 중 하나는 삶을 타인에게 맡기고 있어서입니다. 내가 진정 원하는 것과 향하는 곳을 알면 타인의 중요성은 뚜렷하게 약해집니다. 내가 걷고 있는 길이 모호할수록 타인의 목소리와 주변의 혼란, 소셜미디어의 통계와 정보 등이 점점 커지면서 위협적으로 다가옵니다.

미국의 작가 앤 라모트는 '나쁜 날들에 필요한 말들'(웅진지식하우스)에서 자신의 단점을 드러내는 용기가 필요하다고 말합니다.

> "대부분의 사람에게는 한 번쯤 자신의 결함을 드러낸 경험이 있다. 인간다운 결함을. 그런데 이는 인격과 공감하는 능력을 발전시킨다. 영혼을 성장시키는 데도 좋다. 사막을 횡단하거나 밀림을 통과할 때처럼 힘들고 고통스러운 시기를 보내는 것이 결코 시간 낭비인 것은 아니다. 그러다 인생을, 야생화를, 화석을, 물을 발견할 수도 있기 때문이다."

타인으로부터 좋은 평가를 받을 필요 없이 있는 그대로의 자신을 받아들이면 배신을 두려워하지 않게 되고, 타인을 신뢰하며 누군가를 위해 공헌할 수 있게 된다는 것입니다.

용기의 시작은 자기 수용을 통한 '자아 발견'입니다. 자아 발견이란 자신의 상태와 존재 이유를 아는 것입니다. 자신이 지금 어떤 환경과 조건에 처해 있고, 앞으로 어떤 가능성을 가지며, 자신의 이상이 무엇인지, 주위 사람들과 어떻게 관계를 형성해 나갈지를 알고 있는 상태를 말합니다. 자아를 발견하면 자신이 결코 시시한 존재가 아니란 것을 알게 됩니다.

또 자아를 발견하면 자기 목소리를 낼 수 있습니다. 자신이 무가치하다는 이미지를 갖고 있으면 남에게 하고 싶은 말을 할 수 없습니다. 인간은 스스로 가치 있다고 느낄 때만 용기를 얻습니다. '나는 가치가 있는 존재'라고 느낄 수 있다면 그 사람은 있는 그대로의 자신을 받아들이고 인생의 과제에 직면할 용기를 얻게 된다는 것입니다.

일상에서 '잃어버린 자아'를 찾는 방법을 소개합니다. 나를 올바로 비춰 주는 '거울'을 찾아야 합니다. 나의 감정을 그에게 말하고 그가 비춰 주는 나를 봐야 합니다. 나의 장단점을 모두 알면서도 마음 깊이 나의 가치를 인정해 주는 누군가가 필요합니다. 친구, 가족, 상담가 등 지지 그룹을 통해 이런 만남이 이어지면 마음에 건강한 거울이 생깁니다. '완벽하지 않아도 이만하면 괜찮아'라는 감정을 가질 수 있습니다. 완벽하지 않은 자신을 인정할 때 용기를 낼 수 있습니다.

또 나의 목소리를 찾기 위해 내가 원하는 것이 무엇인지 잘 모른다면 '감정 일기'를 써 보십시오. 오늘 하루 있었던 일 중 기억에 남는 감정 경험이 있다면 기록해 봅니다. 내 마음에 어떤 갈등이 있었는지 기록합니다. 개인 정신분석이나 목사님의 설교, 책 읽기를 통해서도 자아를 성찰할 수 있습니다.

또 자신을 돌보는 개인적인 시간을 확보하고 일에 우선순위를 둡니다. 목표 지향적인 사람은 자신에게 무리한 요구를 하게 됩니다. 동시에 많은 일을 해낼 수 없어서 조바심이 날 때는 마음속으로 이렇게 외쳐 봅니다.

'한 번에 한 가지씩만 하자. 그리고 천천히 해 보자. 그러면 성공할 것이다.'

어떤 일에 성공하거나 그 일을 잘 끝내면 자신에게 상을 주십시오. 맛있는 것을 먹어도 좋고 평소에 갖고 싶었던 물건을 사는 것도 좋습니다. 어린 시절 상처받을 정도로 패배한 경험이 있는지 떠올리며 조용히 자신을 성찰하고 분석할 필요도 있습니다. 세상에 완벽한 사람은 없습니다. 부족한 부분을 노력으로 채운다면 그것이 건강한 인생입니다.

2

고독을 잃어버린 세대

〰〰〰〰〰〰〰〰〰〰〰〰〰〰〰〰〰

"에너지가 고갈돼 피곤하고 만사가 귀찮아요. 마치 수명이 다 된 건전지 같아요."

"매일 장황하게 계획을 세우지만 반복되는 실패로 좌절감만 느껴져요. 제 삶이 이대로 끝날 것만 같아요."

삶이 방전됐다고 느낄 때, 매일 반복되는 일상 속에서 무기력과 탈진을 경험할 때 드는 생각입니다. 일에 치여 바쁘게 살다 보면 차분히 생각할 여유, 자신을 추스를 시간조차 갖기 어렵습니다. 그러나 막상 혼자가 되었을 땐 공허함을 채우기 위해 습관적으로 텔레비전 전원을 켜거나 스마트폰에 매달려 고독의 시간을 허망하게 날려 버립니다.

고독은 외로움과는 다릅니다. 외로움이 소외에 따른 고통이라면 고독은 혼자 있는 즐거움입니다. 고독은 결핍이 아니라 충만함입니다. 고독은 자신의 내면과 마주하는 능력이며 재미입니다. 그러나 내면이 가난한 사람에게 고독은 외로움과 동의어입니다. 혼자서 잘 논다고 고독을 즐기는 능력이 있다고 할 수는 없습니다. 고독에는 철학적이고 근원적인 의미가 담겨 있습니다. 하나의 독립된 인간으로 성장하지 않고서는 고독을 향유할 수 없습니다.

폴란드 출신의 사회학자 지그문트 바우만은 '고독을 이기는 능력을 잃었다'는 것이 현대인들의 가장 큰 문제라고 진단했습니다. 그는 현대인들이 혼자서 고독을 누리거나 사색하는 방법을 잃어버렸다고 말했습니다. 고독을 즐기고 이겨내는 과정에서 성장이 이루어지는데 이런 여유를 갖지 못한다는 것입니다. 집중력은 홀로 있을 때 높아지고, 위대한 생각 역시 사색 속에 꽃핍니다. 자신과 오롯이 마주할 때 비로소 성찰을 합니다. 우린 삶 속에서 얼마나 많은 고독의 시간을 보내고 있을까요.

분주한 삶 속에서 고독의 시간이 우리에게 필요합니다. 고독은 외로움의 고통 너머에 있는 하나님과의 깊은 친교 속에 들어가는 길입니다. 영적인 성장은 고독 속에서 이루어집니다.

"침묵은 또 다른 언어입니다. 침묵 안에 또 다른 자유함이 있습니다. 침묵은 하나님의 임재로 들어가는 패스워드입니다."

얼마 전 다녀온 한 영성수련원 식당에 붙여진 글귀입니다. 그곳은 매주 수요일 침묵하며 점심 식사를 한다고 했습니다. 일용할 양식을 주신 하나님과 밥상을 위해 수고하신 분들에게 감사하며 침묵 속에 식사한 경험이 오랜 여운으로 남았습니다. 침묵 속의 쉼은 내가 앞으로 가야 할 지점을 끊임없이 생각하게 만들어 줍니다.

아직 세상은 비통함과 슬픔 속에 출렁입니다. 많은 사람의 몸과 마음이 지쳐 있습니다. 쉼 속에 영적인 재충전의 시간이 필요합니다. 모세에게는 시내 광야, 예수님에게는 유대 광야, 다윗에게는 그가 10년간 살았던 여러 광야가 있었습니다. 이 광야는 지리적인 실재인 동시에 영적인 은유입니다. 이 광야를 호락호락하게 여겨서는 안 됩니다. 그곳은 위험한 곳이기도 합니다. 그렇다고 광야를 회피해서도 안 됩니다. 그곳은 참으로 경이로운 곳이기 때문입니다. 우리에게도 나름의 고독한 광야의 시간이 주어집니다. 우린 그곳을 통해 '언제나 사랑해 왔지만 잠시 잃어버렸던 것'을 찾을 수 있을 것이라 믿습니다.

3
고독의 근육 키우기

~~~~~~~~~~~~~~~~~~~~~~~~~~~~~~~~~~~~~

은퇴한 고령자들의 고민 중 하나가 '혼자 잘 지내는 법을 터득하는 것'입니다. 100세 시대를 사는 이들은 경제적 문제와 별개로 80세 이후 삶에 대해 구체적 계획을 세우지 않은 것을 후회합니다. 이들은 대부분 재미있게 하루를 보내는 방법을 준비하라고 충고합니다.

보통 60세 전후에 정년퇴직을 한다면 50대는 서서히 '퇴직 이후의 삶'을 준비해야 하는 시기입니다. 50대에 접어들어 가사나 자녀 양육의 부담을 벗는 전업주부 역시 마찬가지입니다. 이때 시간 관리, 자산 관리 모두 중요하지만 무엇보다 필요한 것은 마음 준비입니다. 기혼이든 비혼이든 인생의 어느 시기는 홀로 보내는 시간이 있습니다. 항상 누군가와 같이 지내야 하는 의존적인 생활 습관을 갖고 있다면 길고 긴 노후가 힘겨울 것입니다.

　외로움엔 두 가지 종류가 있습니다. 첫 번째, '사회적 외로움'입니다. 공동체 안에서 소속감, 연대감, 친밀감을 주는 친구나 지인이 폭넓게 존재하지 않을 때 나타나는 감정입니다. 두 번째는 '정서적 외로움'입니다. 의지할 수 있는 가까운 사람이 아무도 없다고 느낄 때 나타나는 감정입니다. 사회적 외로움은 독신보다 오히려 가정을 꾸렸던 기혼자들에게 나타난다는 보고도 있습니다.

　이스라엘 히브리대학교에서 독신과 사회 정책을 연구하는 엘리야킴 키슬레브 교수의 연구에 따르면 오랫동안 가족만 보고 산 사람들은 노년기에 사회적 고립감을 느끼는 반면 정서적 유대가 강력한 사람들과 어울리며 살아온 싱글들은 상대적으로 노년기에 사회적 외로움을 덜 느낀다고 합니다. 외로움은 주관적인 감정입니다. 결혼 여부와 같은 객관적인 상황보다 자기 인식에 달려 있기에 결혼해도 외로움을 느낄 수 있다는 것입니다.

　그런데 외로움은 고독과 다릅니다. 외로움은 누구를 만나고 싶은 마음이 드는 것이고, 고독은 자기 자신을 위해 저축하는 시간입니다. 즉 외로운 사람은 한밤중에 친구를 불러내 이야기를 하고 싶은 사람이라면, 고독한 사람은 홀로 낯선 지역을 여행하는 사람입니다. 철학자 한나 아렌트는 외로움과 고독을 구분합니다. '내가 나와 교제하는 실존적 상태'를 고독이라고 한다면, 고독과 마찬가지로 홀로 있으나 '인간 집단에 의해서뿐만 아니라 나 자신으로부터도 버림받는 상태'를 외로움이라고 말했습니다. 외로움이란 달리 표현하면 나 혼자이며 동료가 없는 상태입니다.

외로움을 극복하려면 고독해지는 연습이 필요합니다. 우리가 잠을 자면서 하루 동안의 일들을 뇌가 정리하듯이, 너무나 많은 관계에서 가끔은 한 걸음 물러나 그 관계들이 나에게 새겨 놓은 흔적들을 바라봐야 합니다. 폴 틸리히의 말처럼 홀로 있음의 아픔을 표현하기 위해 '외로움'이라는 말을 만들었으며, 그 영광을 표현하기 위해 '고독'이라는 말을 만든 게 아닐까요. 또 고독은 나를 이해하는 일인 동시에 외로운 누군가를 이해하는 시간이 될 수도 있습니다. 어쩌면 고독은 내 속의 아픈 누군가(자아)의 소리를 듣는 일일 수도 있습니다.

"어떻게 하면 '혼자 사는 힘'을 기를 수 있을까?"란 질문은 "어떻게 하면 고독의 근육을 단련할 수 있을까?"란 질문과 같습니다. 일본의 정신과 의사이자 은퇴 문제 전문가인 호사카 다카시는 혼자 지내는 힘이야말로 은퇴 후 충실한 노후를 지켜 주는 힘이라고 말합니다. 그는 이를 '고독력'이라 부릅니다. 50대가 되면 고독력을 연마하는 것이 중요하다는 것입니다. 그는 저서 '50, 이제 나를 위해 산다'(상상출판)에서 50세 무렵부터 가치관을 바꿔야 즐거운 노후를 실현할 수 있다고 말합니다. 그동안 고집했던 인생관과 가치관을 과감히 벗어 던지고, 새로운 마음으로 새 출발 할 것을 권합니다.

자아 성찰이 고독의 근육을 키워 줍니다. 먼저 일상의 모든 일을 내려놓고 하루 30분 정도는 침묵하고 자기만의 시간을 가질 것을 제안합니다. 낯선 카페에서 자기만의 시간을 가져 보거나 나 홀로 여행을 떠나 봅니다. 여행지에서 혼자 시간을 보내다 보면 자연히 자신의 인생을 깊이 있게 되돌아보게 됩니다. 또 '오늘은 좋은 날이었다'라고 첫머리를 시작하는 일기 쓰기, 일주일 단위로 정기적인 일정 계획하기, 자신의 주변을 돌아보며 쓸데없는 물건 버리기 등 생활에서 할 수 있는 사소하고 간단한 일부터 실천해 보십시오.

부부가 함께 살더라도 혼자 사는 힘이 있어야 둘이 사는 삶을 잘 이어갈 수 있습니다. 그러다 보면 외로움이 고독으로 바뀌고, 고독은 우리에게 한 차원 다른 것을 선물로 줄 것입니다.

4

외로움을 선택하라

~~~~~~~~~~~~~~~~~~~~

인간은 홀로 태어나고 홀로 죽음의 순간을 견뎌야 하는 존재입니다. 인간은 태어남과 동시에 낯선 세계에 홀로 던져진 존재이고, 죽음의 순간도 홀로 맞아야 하는 피조물입니다. 태어나는 것과 죽는 것은 우리가 선택할 수 있는 일이 아닙니다.

그러나 인간은 요람에서 무덤에 이르기까지 다른 사람들과 어울려야 하며, 다른 사람들의 애정을 필요로 하는 사회적 존재로 살아갑니다. 이 과정에서 '홀로서기' 연습이 잘 안 되면 어려움을 겪게 됩니다. 인생의 마무리를 잘하려면 홀로서기를 잘해야 합니다.

홀로서기의 힘은 유아기부터 형성됩니다. 이 힘은 어린 시절 내면에 형성된 안정감을 보여주는 한 가지 표시입니다. 아기는 생후 9개월쯤 되면 특정한 사람에게 애착을 보이기 시작합니다. 이 시기에 애착 대상(엄마를 비롯한 주 양육자)이 자신이 필요할 때 언제든지 있어 줄 거라 믿으면, 애착 대상이 눈에 보이지 않는 시간을 잘 견딥니다. 이런 과정을 통해 아이는 홀로서기 훈련을 합니다. 이 훈련이 잘됐을 때 아이는 도전하며 성장해 갑니다.

인간의 불행은 외로움을 견딜 줄 모르는 데서 옵니다. 외로움을 견디지 못하고 관계에 휘둘리는 사람은 평생 다른 사람의 기준에 끌려다닙니다. 그러나 외로움을 선택한 사람은 인간관계에서 강한 모습을 드러냅니다. 혼자 있는 능력을 키우면 인간관계는 물론 인생에서 강해집니다. 혼자 있는 능력이란 스스로 세상과 단절하는 것이 아니라 혼자의 시간을 즐길 줄 알고, 혼자의 시간에 깊게 사고할 줄 아는 것입니다.

'잠시 혼자 있겠습니다'(어크로스)의 저자 마이클 해리스는 군중 속에서 벗어나 외부의 소음을 차단하는 홀로 있는 시간은 독창적이고 새로운 아이디어를 움트게 하고, 불안한 정신을 치유하여 생산적 정신 상태로 만들며, 역설적으로 타인과의 유대감을 강화해 준다고 말합니다.

"홀로 있는 시간은 기운을 북돋아 준다. 기억을 강화하며 인식을 날카롭게 다듬어 주고 창조성을 북돋운다. 우리를 더 차분하게 만들며 주의력을 더 깊게 해 주고, 머리를 맑게 해 준다. 무엇보다도 순응하라는 압박감을 덜어 준다. 홀로 있음은 우리 삶에서 열정, 향유, 성취감의 가장 깊은 연원을 발견하는 데 필요한 공간을 우리에게 준다. 또 우리를 자유롭게 풀어 주어 자기 자신이 되게 한다. 그리고 우리가 다시 모여 군중이 되었을 때 더 나은 동료가 되게 해 준다."('잠시 혼자 있겠습니다' 중)

혼자 있는 능력은 귀중한 자원입니다. 혼자 지낼 줄 모르면 누군가의 시간과 관심을 애걸복걸하게 됩니다. 노년기에 주변 사람에게 너무 기대서 관계가 멀어지는 경우도 적지 않습니다. 노년기 외로움을 두려워하는 이유는 '죽음의 순간에 혼자 있게 될까 봐서'라고 합니다. 그러나 인생의 마지막 순간, 오롯이 혼자 견뎌야 합니다. 홀로 있는 것에 대한 극심한 두려움은 홀로 있는 연습이 충분치 못했기 때문입니다. 혼자 있을 때 사람들은 내면 가장 깊은 곳의 느낌과 접촉하고 상실을 받아들이고 생각을 정리하며 태도를 바꿉니다.

환경적으로 어린 시절 안정감 형성이 부족했던 사람들은 스스로 안정감을 키워 주는 훈련을 통해서 홀로서기를 할 수 있습니다. 홀로 있을 힘을 키우는 방법은 첫째, 자신에 대한 믿음이 있어야 합니다. 자신에 대한 믿음이 있어야 끊임없는 선택과 용감한 실행을 반복합니다. 둘째, 작은 도전을 통한 성취 경험입니다. 성취는 자신에 대한 믿음을 강하게 합니다. 셋째, 하나님이 항상 함께한다는 믿음입니다. 신앙인은 아이가 가까운 곳에 애착 대상이 있다고 여기고 안정감을 얻듯, 하나님이 항상 함께한다는 믿음을 가진다면 결코 혼자가 아닙니다. 하나님이 내 안에 계셔서 동행하신다는 믿음과 깨달음은 외로움에서 벗어날 수 있는 큰 힘이 됩니다. 하나님과의 영적인 만남의 시간을 갖도록 노력해 보십시오.

급속한 디지털 사회의 전환을 경험하는 가운데 예전보다 외로움을 느끼는 사람들이 더 많아졌습니다. 그러나 외로움에 힘들어하거나, 슬퍼하거나, 불안해하지 마십시오. 때로는 홀로 있는 시간이 자신을 더 성장시킵니다. 홀로 있는 것에 익숙지 않은 사람들은 훈련을 통해서 홀로서기를 할 수 있고, 외로움에 강해질 수 있습니다. 위기가 기회가 되고, 고난이 축복이 될 수 있도록.

5
인정 중독에서 벗어나려면

~~~~~~~~~~~~~~~~~~~~~~~~~~

많은 사람이 죽기 전에 후회하는 것 중 하나가 타인의 시선이나 기대에 맞추는 '가짜 삶'을 사느라, 정작 자신이 하고 싶은 것을 누리는 '진짜 삶'에 용기를 내지 못한 것입니다. 좋은 평판을 듣기 위해 자신의 감정을 숨기고, 심지어 분노의 감정을 억눌러 마음의 병을 얻기도 합니다.

누군가의 인정을 받길 원하는 것은 자연스러운 감정입니다. 그러나 삶의 전부가 될 때 문제가 됩니다. 심리학자들은 타인에게 '괜찮은 사람', '유능한 사람'이란 말을 들어야 비로소 자신이 쓸모 있는 사람이 된 것 같아 안심한다면 문제라고 말합니다. 또 누군가에게 인정받지 못하면 자신이 쓸모없는 존재가 된 것 같아 우울하다면 '인정(認定) 중독'을 의심하라고 말합니다. 이들은 매사에 완벽해야 비난과 따돌림 그리고 수치심을 피할 수 있다고 생각해 자신에게 가혹할 정도로 완벽을 요구합니다.

미국의 심리학자 해리엇 브레이커 박사는 '남을 기쁘게 해 주기라는 병'(The disease to please)에서 인정 중독에 잘 빠지는 성격 유형을 분리불안 성격, 완벽주의 성격, 자기희생적 성격, 분노 억제형 성격으로 구분했습니다. '분리불안 성격'은 누군가에게 지속적인 지지를 받고 연결돼 있기를 원합니다. 타인에게 미움을 받거나 거절당하면 매우 불안합니다. '완벽주의 성격'은 모든 사람의 인정을 받아야 합니다. 인정받지 못하면 심한 수치심을 느끼며 우울해집니다. '자기희생적 성격'은 나의 욕구보다 주변 사람의 욕구를 항상 우선시합니다. '분노 억제형 성격'은 타인과 충돌이 일어날까를 걱정하며 충돌을 피하려고 희생도 감수합니다. 4가지 심리 유형은 서로 연결돼 나타나기도 합니다.

문제는 인정을 받아도 효과는 오래가지 않는다는 것입니다. 인정에 대한 배고픔은 채워도 채워지지 않습니다. 타인의 반응과 인정에 지나치게 얽매이기 때문입니다. 그동안 강박적 경쟁을 부추기는 사회적 환경도 한몫했을 것입니다. 살인적인 학업 스트레스를 견뎌야 하고, 졸업 후 직장에 들어가 치열한 경쟁을 해야 합니다. 하지만 가혹한 사회적 압력을 받는다고 누구나 인정 중독에 빠지지는 않습니다. 낮은 자존감을 가진 사람이 인정 중독에 빠진다고 심리학자들은 말합니다.

건강한 자존감이란 완벽하지 못한 자신에 대해서도 자랑스러운 감정과 가치를 느낄 수 있는 상태를 말합니다. 이를 위해 감정을 그대로 드러내도, 의견을 그대로 표현해도 비난받거나 처벌받지 않는 새로운 관계의 경험이 필요합니다. 친구, 가족, 직장 동료, 상담가 등 누군가 한 명에게라도 완벽하지 않아도 인정받을 수 있다는 것이 느껴질 때 내적 힘이 쌓입니다. 타인의 공격으로 자존감에 큰 상처를 받았을 때 누군가 한 사람은 변함없이 자신을 위로해 주고 존중해 주면 자존감은 회복됩니다. 달팽이처럼 느리게 가더라도 시작하면 됩니다.

이런 만남이 충분히 내면화되면 마음에 건강한 거울이 생겨납니다. '완벽하지 않아도 이만하면 괜찮아'라는 감정을 가질 수 있습니다. 비로소 내 곁에 위로자가 없어도 '이만하면 충분해'라는 내면의 목소리를 들을 수 있을 것입니다. 그동안 그토록 내면을 괴롭힌 '넌 원래 그것밖에 안돼', '왜 그렇게 못났어'로 느껴진 타인의 시선은 다름 아닌 자신의 시선입니다.

타인의 인정을 얻기 위한 인정 욕구를 과감히 포기하십시오. 내가 아무리 잘 보이려고 애써도 나를 미워하고 싫어하는 사람은 있기 마련이니 미움받는 것을 두려워해서는 안 된다는 것입니다. 이는 나를 싫어하는 사람이 있다면 나를 다시 좋아하는 것도 그 사람의 과제일 뿐이라는 얘기입니다. 인간관계에서 내 영역이 아닌 부분은 과감히 내려놓을 줄 아는 용기, 그것이 오스트리아의 정신의학자 아들러가 말하는 '미움받을 용기'입니다.

가장 소중한 친구를 대하듯 나를 존중하고 사랑해 주세요. 하나님이 자신의 형상대로 지으신 우리 자신을 아무 조건 없이 사랑하세요. 자신을 돌보는 개인적인 시간을 확보하는 것이 필요합니다. 남이 기대하는 모습으로 살기보다 내가 만족하고 즐거울 수 있는 일에 우선순위를 두고, 타인의 요구가 내키지 않을 때는 '아니요'라고 말하십시오.

6
세상을 움직이는 조용한 리더십

세상은 적극적이고 외향적인 사람을 리더로 선호하는 것처럼 보입니다. 그러나 세상을 움직이는 것은 조용한 리더십입니다.

역사상 가장 훌륭한 작품을 만든 예술가는 대부분 내향적이었습니다. 외향성이 강조되는 영역에서조차 앨 고어, 마하트마 간디, 엘리너 루스벨트는 자신의 '내향성에도 불구하고'가 아니라 '내향성 덕분에' 위대한 도약을 이뤄냈습니다. 말수가 적지만 내면적 열정을 가진 래리 페이지 구글 CEO, 심사숙고해 의사를 결정하는 워런 버핏 버크셔 해서웨이 회장도 '조용한 리더십'의 모델입니다.

우리 사회는 그동안 고정관념처럼 활달하지 못한 내향적인 사람들에게 성격을 외향적으로 고치라고 주문하거나 평소 사교적이지 못한 자신의 성격을 문제가 있다고 진단했습니다. 대학입시 면접이나 취업 면접 때도 외향적인 이들을 선호하는 경향이 있습니다. 반면 내향적인 사람들은 자신들에게 붙은 사교성 부족, 사회성 부족이란 딱지를 떼고 싶어 합니다. '난 사람들과 잘 사귀지 못한다. 사람들 앞에 서는 것이 두렵다. 이 성격을 고칠 수 없을까.' 그러나 심리학자들은 내향성은 결코 비난받거나 고쳐야 할 단점이 아니라고 말합니다. 자기 본래의 모습을 버리고 남을 닮으려고만 한다면 불행해진다고 우려합니다.

내향성만의 독특한 장점이 있습니다. 내향적인 사람들은 느리지만 신중합니다. 한 번에 한 가지에만 집중하기를 좋아하며 집중력이 높습니다. 이들은 행동하기 전에 상황에 대한 감각과 사건의 흐름을 감지하려고 애씁니다. 이제 내향적인 성격 때문에 자기비하에 빠질 필요가 없습니다. 당신은 하나님의 특별한 작품입니다. 있는 그대로의 자기 모습을 받아들일 때 풍요로운 인생을 살 수 있습니다.

"외향적 사람과 내향적 사람 중 어떤 사람이 더 좋은가?"란 질문은 "엄마가 좋아 아빠가 더 좋아"라고 묻는 것과 같습니다. 이는 선호에 따라 답이 엇갈립니다. 사실 능력의 차이가 아닌 기질적 차이가 있을 뿐입니다. 좋은 성격이나 나쁜 성격을 판별하는 기준이 될 수 없습니다. 우리는 대부분 외향성과 내향성을 골고루 지니고 있습니다. 다만 기질적으로 더 외향적인 사람이 있고 더 내향적인 사람이 존재할 뿐입니다.

하버드대 비즈니스 스쿨 교수인 조지프 바다라코는 '조용한 리더'를 다음과 같이 정의합니다. 인내심이 강하고 신중하며 단계를 거쳐 행동하는 사람, 자신의 조직과 주변 사람들 그리고 자신에게 정의로운 것으로 생각되는 것을 소리 없이 실천하는 사람, 자신의 경력과 평판을 위험에 처하게는 하지 않으면서 어려운 문제를 맡는 사람입니다. 어떻게 보면 조용한 리더는 현대와 같은 자기 PR 시대에 최고 리더에게 어울리지 않는 덕목처럼 보일 수도 있지만 많은 사람의 의견을 수렴한다는 면에서 과거부터 지금까지 CEO에게 필수적인 리더십입니다.

7

내 안의 늑대 길들이기

북아메리카 인디언 체로키 부족에게 전해지는 '두 마리 늑대'에 대한 이야기가 있습니다. 할아버지 인디언은 손자에게 이렇게 말했습니다.

"얘야, 사람의 마음속엔 두 마리의 늑대가 살고 있단다. 늑대의 이름은 '선'과 '악'이란다. 선은 기쁨과 평화 사랑 희망 겸손 믿음 연민이 가득하단다. 악은 분노와 부러움 질투 슬픔 후회 탐욕 교만 열등감으로 가득 차 있단다. 선과 악은 매일 먹이를 차지하려고 치열하게 전투를 벌인단다. 마지막에 누가 이기느냐고? 그건 네가 누구에게 먹이를 주느냐에 달렸단다."

마음의 균형과 감정 관리에 대한 교훈이 담긴 체로키 부족의 두 마리 늑대 이야기입니다. 여기에 한 가지 덧붙이고 싶은 이야기가 있습니다.

"얘야, 만일 네가 한 마리 늑대에게만 먹이를 주고 다른 한 마리를 굶주리게 하면 비극적인 일이 일어난단다. 우리가 약해지거나 방심할 때마다 악이란 늑대가 따라다닐 거야. 두려움을 피하기보다 이해하고, 변화시키는 편이 더 낫단다. 분노, 원한, 슬픔을 궁지로 몰아넣기보다 그들이 우리에게 말하고 싶어 하는 것을 들어보렴."

사실 두 늑대 사이의 전투는 일상에서 매일 벌어집니다. 내면의 전투는 힘의 문제가 아니라 균형의 문제입니다. 우리의 삶은 행복하거나, 슬프거나, 자비롭거나, 잔인합니다. 우리 내면엔 완전히 통제할 수 없는 두 개의 반대 세력이 치열한 전투를 벌입니다. 기쁨과 슬픔, 자존감과 수치심, 죄책감과 겸손함, 두려움과 용기 등의 감정이 상호작용을 하다 어느 쪽이 이기느냐에 따라 자신이 정의됩니다. 여러 가지 감정은 일상의 베일 뒤에 감춰져 있다가 어떤 상황에 직면하면 인간 본성의 얼굴로 드러납니다.

내 안 두 마리 늑대의 요구를 파악해 조화롭게 살 수 있도록 훈련해야 합니다. 분노, 혐오, 미움…. 우리는 이런 감정을 나쁜 감정이라고 부릅니다. 그런데 나쁜 감정은 정말 나쁠까요? 사람들은 자신의 상처를 보호하기 위해 반작용으로 나쁜 감정을 드러냅니다. 상처를 분노와 짜증으로 표현하고, 상처받은 자존심을 미움이나 침묵으로 나타내기도 합니다. 오히려 필요한 감정이 될 수 있습니다. 내면의 감정을 알 수 있는 신호이기 때문입니다. 불안과 두려움은 마음속에 해결되지 않은 갈등을 알려주는 증상입니다. 내면의 감정이 상호작용해 조화를 이루도록 잘 다뤄야 합니다.

권수영 연세대 교수는 저서 '나쁜 감정은 나쁘지 않다'(그리고책)에서 어쩌면 분노는 그리 나쁜 감정이 아닐 수 있다고 말합니다.

"분노는 오히려 꽤 친절한 감정일지 모른다. 분노로 인해 자신의 감춰진 상처를 정면으로 만나게 할 수도 있고 자신이 유배시킨 감정들을 다시 안전하게 회복시켜 온전한 내면의 평화를 이룰 수도 있기 때문이다. 그러기 위해서는 분노가 주는 시그널에 대한 대처 능력을 갖춰야 한다."

체로키 인디언의 충고처럼 부정적인 감정을 외면하지 말고 '그들이' 말하고 싶어 하는 것을 들어주어야 합니다. 슬픔이란 감정을 부정적으로 인지하고 외면하려 하지만 슬픔을 바르게 겪고 나야 비로소 마음의 상처를 받아들이고 치유할 수 있습니다. 또 슬픔이 위로를 만날 때 기쁨으로 전환되는 '공감의 원리'처럼, 슬픔을 기쁨만큼 중요하게 받아들일 때 우린 성장합니다.

우리가 두려움과 불안에서 못 벗어나는 이유는 나의 삶을 타인에게 맡기고 있어서입니다. 내가 진정 원하는 것과 향하는 곳을 알면 타인의 중요성은 뚜렷하게 약해집니다. 내가 걷고 있는 길이 모호할수록 타인의 목소리와 주변의 혼란, 소셜미디어의 통계와 정보 등이 점점 커지면서 위협적으로 다가옵니다.

하나님은 불안과 두려움 자체가 죄는 아니라고 말씀하십니다. 그럼에도 우리는 여전히 불안과 두려움과 씨름합니다. 하나님을 믿는다고 고백하면서도 여전히 여러 가지 세상의 문제와 심리적인 문제로 힘들어합니다. 이젠 불안과 두려움 자체에 얽매여 있기보다 불안과 두려움을 하나님과 어떻게 연결 짓느냐에 초점을 맞춰야 합니다.

성경엔 "두려워 말라"는 권고가 유난히 많습니다. 그만큼 사람들이 많이 두려워하고 있다는 방증입니다. 왜 하나님은 두려워할 수밖에 없는 상황인데 두려워 말라고 거듭 말씀하실까요. 그것은 '내가 너를 두려워하지 않도록 해 주겠다'는 약속이고 '두려워하지 않을 수 있는 능력을 주시겠다'는 언약입니다. 또 하나님은 "과거에 내가 네게 했던 일을 기억하라"고 처방해 주셨습니다. 하나님께서 우리 삶 가운데 행하셨던 일들을 기억해야 합니다. 두려워해도 괜찮습니다. 하나님은 우리의 눈물을 기록하십니다(시 56:8~11).

8

우린, 그렇게 어른이 된다

보통 어른이 되면 마음도 그만큼 단단해질 줄 압니다. 어지간한 일에 쉽사리 넘어지지 않고 울지도 않을 줄 압니다. 그러나 괜찮지 않습니다. 어른이 돼도 삶은 아직도 서툴고 감정은 여리고 쉽게 상처받습니다. '어른'이라고 처음 느꼈던 순간을 기억해 보십시오. 주민등록증을 처음 손에 쥐었을 때, 투표권을 처음 행사했을 때, 아이를 낳고 부모가 됐을 때 등, 어른이 되는 방식은 조금씩 다를 것입니다.

2022년 방영된 JTBC 드라마 '나의 해방일지'에서 창희(이민기 분)는 하고 싶은 말을 삼킬 때 어른임을 느낍니다. 혁수(정원조 분)의 임종을 지키기 위해 큰 수익이 보장된 계약을 스스로 날려 버린 창희는 친구들이 "도대체 왜 그랬냐"고 묻자 이렇게 말합니다. "내가 뭐든 입으로 털잖나. 근데 이건 안 털고 싶다.… 말들이 막 쏟아지고 싶어서 혀끝까지 밀려왔는데 밀어 넣게 되는 그 순간, 그 순간부터 어른이 되는 거다." 어떤 일을 해낸 자신이 대견스럽게 느껴질 때가 어른이 되는 순간이 아닐까요.

세상엔 무수한 종류의 어른이 있습니다. 이들은 각자의 방식으로 살아갑니다. 어른이 된다는 것은 스스로 선택하고 결정하고 책임져야 하는 무거운 현실의 짐들을 등에 지는 것입니다. 어른이 되는 과정은 주어진 현실 안에서 자신이 원하는 것을 얻을 수 있는 지혜와 기술을 익히는 것입니다.

어른이 되면서 피할 수 없는 감정이 불안입니다. 전 세계적으로 청년 고용시장이 무너지면서 미래를 불안하게 바라보는 청년들이 많습니다. 미래에 대한 불확실성은 현재의 나를 불안하게 만듭니다. 불안은 감정적인 것뿐 아니라 가슴이 두근거리고 숨이 막히며 열이 확 올라오는 등의 신체적 불안 증세처럼 몸으로도 나타납니다. 그러나 불안을 느끼는 것이 꼭 나쁜 건 아닙니다. 그 원인을 알아보면 지금 나의 문제가 무엇인지 알 수 있기 때문입니다.

살아가면서 불안을 느끼지 않는 사람은 없습니다. 시험이나 면접 같은 불안 요인이 뚜렷한 예도 있지만 별 이유 없이 막연히 불안할 때도 있습니다. 불안은 정신분석적으로 보면 대부분 예기불안입니다. 이러다 어떤 무서운 일이 벌어질지 모른다는 무의식에서 오는 일종의 경고인 셈입니다. 그러기에 불안을 느끼는 한편 불안에 적응하고 대비할 수 있습니다. 시험을 앞둔 사람이 불안하지 않으면 공부를 할까요? 불안은 어느 정도 마음을 준비시켜 큰일을 막게 합니다. 불안은 우리에게 행동할 힘을 줍니다. 불안하기에 일하고 마음을 전하고 누군가를 사랑합니다.

독일 시인 헤르만 헤세는 불안하다면 불안의 정체가 보일 때까지 그 불안을 지그시 바라보라고 말합니다. 익숙하고 안전한 장소에서 떨쳐 일어나 미지의 세계로 들어가는 것은 무섭고 떨리는 일이지만 누구나 다 그렇게 산다는 것입니다. 헤세는 산다는 건 그 공포와 불안을 뛰어넘어 앞으로 걸어가는 것이라며 그저 한 걸음만 앞으로 내디디라고 제안합니다. 그는 자전적 소설 '클링조어의 마지막 여름'(민음사)에서 이렇게 말했습니다.

"쓸데없는 망설임을 끊고 싶다면 딱 한 시간만 해야 할 일을 하면 된다. 심혈을 기울여 온 힘을 다해 일에 몰두하라. 그것만으로도 지금까지 고민했던 망설임의 깊은 연못에서 쉽게 빠져나올 수 있다."

나이가 든다는 것은 우리가 소유했다고 생각했던 것들, 곁에 머물러 있다고 생각했던 것들을 하나씩 떠나보낼 때가 됐음을 아는 것입니다. 어른이 되려면 자기를 초월할 수 있는 능력이 필요합니다. 나 외 남에게 관심을 두고 세상을 향해 시선을 돌리는 것을 말합니다. 이는 다른 사람의 기쁨을 내 기쁨처럼 느낄 수 있는 능력, 다음 세대를 위해 미래에 투자할 수 있는 능력을 말합니다.

원하는 바를 다 이루고 마음이 편해지는 삶은 언제일까요. 아쉽게도 우리 삶에 그런 시절은 오지 않습니다. 우리는 살아가는 동안 순간순간 성장하기 위한 새로운 과제를 받습니다. 우린 죽을 때까지 끊임없이 다듬어지고 재배열되며 교정됩니다. 아무리 좋은 것을 달성하더라도 좀 있으면 권태로워지는 것이 인간의 본능입니다. 우리는 불안을 느끼며 성장할 것이고 이는 인생의 아름다운 마무리를 할 때까지 계속될 것입니다. 어른의 삶은 바란다고 무조건 바뀌지 않습니다. 꼭 앞으로 나아갈 필요는 없습니다. 뒤로 옆으로 좀 가도 됩니다. 다만 가만있지만 말아야 합니다.

9
'고난과 성장' 사이

인생의 위기와 고난은 뚜렷한 기준이 없이 모든 사람에게 무작위로 발생할 수 있어 부당해 보이기도 합니다. 치명적인 질병과 소중한 사람의 죽음, 사업 실패와 재난 사고 등의 위기를 만날 때면 '왜 하필 나에게 이런 일이'라는 억울한 심정의 포로가 됩니다.

'성장하기 위해 인생의 시련이 필요하다'라거나 '고난 뒤에 축복이 온다'는 말은 전혀 위로가 되지 않습니다. 인생의 고난이 아무리 삶에 새로운 단계를 끌어낸다 해도 피할 수만 있다면 피하고, 미성숙한 상태로 사는 것이 더 낫지 않을까란 생각을 하기도 합니다.

그런데 '고난과 성장' 사이엔 묘한 변수가 있습니다. 성공한 많은 사람이 살아온 삶의 궤적을 추적해 보면 대부분 고난과 역경, 불가능에 가까운 어려움 등을 극복했습니다. 그러나 모든 고난이 사람을 성장시키는 것은 아닙니다. 어떤 사람은 고난을 통해 성장하지만, 어떤 사람은 고난에 무너지고 맙니다. 고난 그 자체는 절대 이롭지 않습니다. 늘 싸워야 하는 대상입니다. 중요한 것은 시련 앞에서 내가 어떻게 반응을 하느냐입니다.

스위스의 피에르 렌치니크 박사는 1975년 '의학과 위생학'이란 학술지에 '고아가 세계를 주도한다'는 논문을 발표했습니다. 그는 세계사의 흐름에 지대한 영향을 끼친 정치가들의 전기를 읽으면서 300여 명의 지도자가 모두 어린 시절 부모를 잃거나 사생아였다는 놀라운 사실을 발견했습니다. 그는 정서적 좌절로 인해 생긴 불안정이 아이들에게 이례적인 권력 의지를 불러일으켰다는 '정치적 권력 의지의 기원'에 관한 새로운 이론을 끌어냈습니다.

이보다 더 중요한 것은 역경이 창조적인 인물을 만들어 낸다는 것입니다. 아이들에게 부모의 상실만큼 큰 시련은 어디에도 없습니다. 이런 엄청난 상실의 아픔을 겪은 아이 중에서 지도자들이 많았다는 것은 인생의 상실과 고난이 창조적인 결과를 만들어 냈다는 것을 보여줍니다.

심리학자들은 이에 대해 '관계와 원인'을 혼동해서는 안 된다고 말합니다. 창조적인 위인들의 과거사에서 대부분 큰 시련이 발견됐어도 모든 시련 뒤에 창조적 회복이 이어진다고 말하기는 어렵습니다. 사람이 역경 후 성숙하고 창조적으로 변했다면, 그것은 고난 때문이 아니라 시련 앞에서 적극적으로 반응했기 때문입니다. 즉 올바르게 싸웠으며 도덕적으로 극복했기 때문입니다. 우리의 성장은 바로 고난 앞에서 어떻게 반응하느냐에 달려 있습니다. 똑같은 비를 맞아도 가시나무를 자라게 하는 땅이 있고, 꽃을 피우고 열매를 맺게 하는 땅이 있습니다. 그 차이는 무엇일까요.

연세대 김주환 교수는 저서 '회복 탄력성(resilience)'(위즈덤하우스)에서 인간은 역경을 견뎌낼 뿐만 아니라 역경을 통해 오히려 성장하는 놀라운 힘을 지니고 있다고 말합니다. 회복 탄력성이란 원래 제자리로 돌아오는 힘을 일컫는 말로, 심리학에서는 주로 시련이나 고난을 이겨내는 긍정적인 힘을 의미하는 말로 쓰입니다. 즉 시련을 행운으로 바꾸는 마음의 힘입니다.

> "회복 탄력성은 반드시 성공해야겠다는 강력한 의지를 지닌 상태가 아니다. 오히려 실패에 대한 두려움을 느끼지 않는 상태다. 자기 자신에 대한 깊은 성찰을 통해 자신의 행동에 대한 뚜렷한 목적의식과 방향성을 지니되, 그 목적 달성 여부에 얽매이거나 전전긍긍하지 않는 삶의 태도가 회복 탄력성을 가져온다."('회복 탄력성' 중)

온갖 역경 속에서 좌절하지 않고 꿋꿋하게 성장한 사람들의 공통점은 인생의 누군가 자신을 붙잡아 주는 한 사람이 존재했다는 것입니다. 스위스의 의사이자 작가인 폴 투르니에(1898~1986)

는 저서 '고통보다 깊은'(IVP)에서 상실이 열매를 맺게 하는 결정적 요인은 사랑이라고 말했습니다.

"내 운명을 바꾸고 고아라는 불리한 조건에서 해방해 준 것은 나를 입양한 가정과 그리스어 선생님, 그리고 내 아내와 다른 많은 사람들, 무엇보다도 옥스퍼드 그룹 친구들의 진정하고 인격적인 사랑이었다. 이 모든 것에서 나는 하나님의 은혜를 입었다. 그분은 그분의 사랑을 전하는 도구로 많은 사람들을 쓰시어 나에게 도움의 손길을 베푸셨다."

심각한 정신적 충격을 받았을 땐 외부의 도움 없이 스스로 극복하기는 너무나 어렵습니다. 고난을 겪는 사람에게 누군가 한 사람이 돼 주어야 합니다. 현실요법의 창시자 윌리엄 글라서는 '두 사람이 서로 사랑하고, 서로 가치를 존중하는 관계'에 있는 사람을 키퍼슨(Key person · 핵심 인물)이라고 명명했습니다. 안타깝게도 종종 뉴스에서 시험에 낙방해서, 왕따 때문에, 사업이 망해서 목숨을 끊었다는 이야기가 들려옵니다. 그들에게 '너는 가치가 있으며 너를 아끼고 사랑한다'고 말하며 붙잡아 주는 단 한 명의 키퍼슨이 있었다면 결과는 달랐을 것입니다. 사랑과 가치는 인간의 기본적인 심리적 욕구입니다. 이 욕구를 채워 줄 수 있는 키퍼슨이 우리에게 필요합니다.

만일 지금 쉽게 이겨낼 수 없는 두려움과 좌절에 빠져 있다면 어떻게 해야 할까요. 우리에겐 고통을 직면하는 용기가 필요합니다. 문제를 회피하면 현실에 굴복하게 됩니다. 미국의 정신과 의사이자 작가인 모건 스콧 펙은 '아직도 가야할 길'(율리시즈)에서 문제에 직면할 때 없던 용기와 지혜가 생기며 이때 영적·정신적으로 성장한다고 말합니다.

"문제에 부딪히면 용기와 지혜가 필요해진다. 사실은 이때 용기와 지혜가 생겨난다. 우리가 정신적으로 영적으로 성장하는 것은 오로지 문제를 통해서만 가능하다. 사람들이 영적으로 성장하도록 돕고 싶다면 문제를 해결하는 능력을 자극하고 지원해야 한다."

10
무장해제 시키는 말의 온기

만일 누군가 나에게 "당신은 이 동네에서 제일 세고요, 제일 강하고, 제일 훌륭하고, 제일 장해요"라고 말해 준다면, 또 "당신은 행복해질 자격이 충분히 차고 넘치는 사람이에요"라고 치켜세워 주며 "오늘 기분 빡친다 싶으면 혼자 쭈그러들지 말고 냅다 나한테 달려오면 된다고요"라고 말해 준다면 어떤 기분일까요. 왠지 없던 힘이 불쑥불쑥 솟을 것 같고 용기가 날 것 같습니다. 이 말을 퇴근 후 남편과 아이들에게 했더니 모두 광대승천이었습니다.

사실 이 말은 2019년 방영된 KBS 2TV 드라마 '동백꽃 필 무렵'에서 주인공 동백(공효진 분)을 사랑하는 용식(강하늘 분)의 대사입니다. 용식의 말은 동백뿐 아니라 이 시대의 고개 숙인 누군가를 향해 "당신은 충분히 가치 있는 존재예요"라는 응원가 같았습니다.

가장 울컥했던 대목은 어려서는 고아로, 나이 들어서는 미혼모로 살았다며 고개 숙인 동백에게 용식이 "약한 척하지 말라"며 한 말입니다.

"고아에 미혼모가 필구를 혼자서 저렇게 잘 키우고 자영업 사장님까지 됐어요. 남 탓 안 하고요. 치사하게 안 살고 그 와중에 남보다도 더 착하고 더 착실하게 그렇게 살아내는 거 그거 다들 우러러보고 손뼉 쳐 줘야 될 거 아니냐고요. 남들 같았으면요. 진작에 나자빠졌어요. 근데 누가 너를 욕해요? 동백 씨 이 동네에서 제일로 세고요 제일로 강하고 제일로 훌륭하고 제일로 장해요."

이런 말을 듣는 남편과 아내들은 힘이 솟을 것입니다. 학업이나 취업 문제로 고개 숙였던 자녀들은 새 힘을 낼 것입니다. 척박한 이 땅에 꽃을 다시 피울 힘이 날 것입니다.

현실적으로 편견과 선입견이 우리를 힘들게 할 때가 많습니다. 금수저와 흙수저, 가진 자와 못 가진 자, 배운 자와 못 배운 자, 세련됨과 촌스러움, 도시와 농어촌 등으로 나뉜 갖가지 편견과 선입견으로 서로를 힘들게 합니다. 그리고 타인의 편견 속에서 누구는 잡초나 독초로 살고 누구는 사람들 속에 꽃으로 살아갑니다.

사람에겐 사람을 망가뜨릴 수 있는 날카로운 눈과 입이 있지만, 사람을 품어주고 쓰다듬어 줄 수 있는 또 다른 눈과 입이 있습니다. 하나님은 사람을 통해 기적을 만드십니다. 어떤 말을 듣고 자라느냐에 따라 독초나 잡초가 되기도 하고 향기 나는 아름다운 꽃으로 피어나기도 합니다.

자신을 대놓고 무시하는 사람들의 말, 자신의 기름때 낀 손톱을 경멸하고 땀 자국을 멸시하는 말이 흥식(이규성)을 연쇄살인범 까불이란 괴물로 만들었습니다. 술집을 운영하는 엄마 탓에 어릴 적부터 편견 속에 자란 향미(손담비)는 질투와 열등감, 분노로 얼룩진 삶을 살았습니다. 동백이 역시 이들과 별반 다르지 않은 환경 속에서 살았습니다.

그러나 동백은 세상의 불친절 속에 살았어도 다정했습니다. 제대로 대접받아본 적 없어도 남을 대접할 줄 알았습니다.

"소심한 게 왜 나빠… 그래도 소심한 사람은 남한테 상처는 안 줘."

"사람들이 사는 게 징글징글할 때 술 마시러 오잖아요. 그니까 나는 웬만하면은… 사람들한테 다정하고 싶어요. 다정은 공짠데… 서로 좀 친절해도 되잖아요."

이런 동백에게 보낸 용식의 시선은 온기로 가득했습니다. 언제나 조건 없고 제한 없는 사랑과 응원을 쏟아부었습니다. 그 사랑이 결국 남 눈치 보며 웅크리고 살던 동백이 세상의 편견을 까부수고 당당한 목소리를 내게 했습니다. 사람을 변화시킨 기적을 만들었습니다.

동백을 꽃 피우게 한 힘은 무엇보다 "동백씨는 이 동네에서 제일 세고요, 제일 강하고, 제일 훌륭하고, 제일 장해요"란 인정이었습니다. 그래서 "사람이 사람에게 기적이 될 수 있을까"란 질문에 우린 자신 있게 "예"라고 말할 수 있습니다. 사람의 마음을 무장해제 시키는 것은 다름 아닌 '말의 온기'입니다. 선한 말은 힘이 세서 더 선한 것을 불러옵니다. 깡깡 얼어붙은 마음도 녹입니다.

악성 댓글에 시달리는 연예인은 "누군가 날 싫어한다는 것에는 익숙해질 수 없는 것 같다", "때론 억울하고 속상하다"고 말합니다. 마음의 상처는 교통사고를 당했을 때 느끼는 외상만큼 아픈 것입니다. 그런데 사람들은 눈에 보이지 않는 상처는 괜찮은 줄 압니다. 말의 상처는 외상만큼이나 깊고 긴 회복 기간이 필요합니다. 우린 모두가 꽃입니다. 타인에 관한 관심과 사랑, 공감, 연민이 양분이 된다면 마음에 동백꽃을 피울 수 있습니다. 겨울에 피는 그 붉고 예쁜 동백의 꽃말은 '그 누구보다 당신을 사랑합니다'입니다. 꽃말이 주는 위로가 큽니다. 내 편이 필요한 우리 마음에 동백꽃이 피어나길 바랍니다.

11

좋은 기억의 위로

한 사람의 기억은 곧 그 사람 자체라고 할 만큼 인생에 미치는 영향이 큽니다. 좋았던 기억들은 기억하면 할수록 과거가 의미 있게, 내가 좀 더 소중하게 느껴집니다. 반면 실패의 기억이나 상처받은 기억은 비관주의와 패배감을 심어 주기도 합니다.

사람의 기억 중엔 무의식의 기억과 관계가 깊은 '암묵기억(Implicit Memory)'이 있습니다. 암묵기억이란 과거의 경험이나 학습으로 뇌에 저장돼 있다가 무의식적으로 나타나는 기억을 말합니다. 자동차 운전을 오래 했던 사람이 몇 년을 쉬었다 다시 운전대를 잡아도 운전을 잘 할 수 있는 것과 같습니다. 이와 마찬가지로 잊었던 아픈 기억이 외부 자극으로 불현듯 작동해 어려움을 겪을 수 있습니다. 외상후스트레스장애(PTSD)의 원인이 되기도 합니다.

기억은 '상처'가 되기도 '위로'가 되기도 합니다. 기억이 상처가 아닌 위로가 될 수 있다는 것을 이야기하고 싶습니다.

미국의 작가 프레드릭 뷰크너는 어린 시절에 경험한 아버지의 자살이 평생의 트라우마였습니다. 그는 저서 '기이하고도 거룩한 은혜'(비아토르)에서 치유하는 기억의 힘에 대해서 말합니다.

"아버지의 죽음은 내 안에 다른 사람의 고통으로 통하는 문을 열어 주었다. 나는 우리의 눈과 더불어 마음도 열어 주는 이러한 순간들이 결코 우연이 아님을 믿기로 작정했다. 나는 그것을 기이하고도 거룩한 은혜라고 불렀다. 아무도 그 은혜를 도무지 예측할 수 없기 때문이다."

그는 기억의 방을 통해 고통의 순간들을 일부러 방문해 그때 그곳에도 어김없이 임재했던 하나님을 소환했습니다. 그는 보이지 않고 들리지 않던 하나님의 음성을 기억을 통해 보고 들을 수 있었습니다.

기억이 위로가 되기 위해서는 용기가 필요합니다. 의도적으로 '기억의 방'으로 들어가는 일은 언제 터질지 모를 지뢰밭을 걷는 듯한 위험을 알고도 시도하는 일이기 때문입니다. 그러나 의심의 어두운 숲 가운데서도 하나님이 지켜줄 것이란 믿음으로 기억의 방에 들어간다면 치유를 경험할 수 있습니다. 하나님은 거기 바로 그곳에 우리와 함께 계시기 때문입니다.

　기억의 치유 과정은 숨겨진 것을 발견하도록 훈련하는 과정이라기보다 성령께서 치유하기를 원하는 아픈 기억들을 의식으로 끌어올려 주도록 의탁하는 과정입니다. 기억의 치유 단계는 '하나님께 감사드리기', '하나님께서 치유해 주시기를 원하는 것을 고백하기', '치유를 위해 고통스러운 기억들을 하나님께 맡겨 드리기'입니다. 화해를 시도하고, 다른 사람들에게 손을 내밀어 그들을 사랑할 힘이 생기고 상처받은 기억이 감사로 가득 찰 때 비로소 기억이 치유됨을 알 수 있습니다.

　그리스도인에게 가장 중요한 질문은 "어떻게 하나님을 만날 수 있는가"입니다. 하나님을 만나는 방법은 지난 시간 중 하나님을 만난 경험을 '기억'하는 것입니다. 현재는 비록 어려움 속에 있지만 예전에 나에게 은혜를 주셨던 하나님, 내 삶의 고통 속에서 나를 건져 주셨던 하나님을 기억의 창고에서 불러와 새롭게 경험한다면 지금의 어려움을 이길 수 있는 영적인 힘이 생길 것입니다. 이는 신앙적 갈등과 고난을 극복하는 커다란 힘이 됩니다.

　성 어거스틴은 '고백록'에서 내면에서 하나님을 발견하는 자리는 바로 '기억이라는 넓은 궁전'이라고 말했습니다. 그는 기억을 통해 하나님을 만난 경험을 되살리는 것, 기억 안에 존재하는 생각을 통해 하나님을 묵상하는 것, 기억 안에서 자신의 참된 자아를 찾아 여행하는 것이 우리 삶을 회복시킨다고 했습니다. 그러기에 우린 과거를 바꿀 수는 없지만 과거가 미치는 영향력은 바꿀 수 있다고 말할 수 있습니다.

> "네가 눈으로 본 그 일을 잊어버리지 말라 네가 생존하는 날 동안에 그 일들이 네 마음에서 떠나지 않도록 조심하라 너는 그 일들을 네 아들들과 네 손자들에게 알게 하라."(신 4:9)

그동안 신앙생활에 소홀한 부분은 없었는지, '하나님의 기억'을 잊고 살지 않았는지 마음을 돌아보는 시간이 필요합니다. 프랑스의 영성가 잔느 귀용의 말처럼 하나님을 만나기 위해서 목적을 가지고 기도하지 말고 하나님을 기뻐하고 사랑하는 마음으로 기도해야 합니다.

> "주님께 아무것도 구하지 말고, 다만 주님을 기쁘시게 하며 그 분의 뜻을 행하기 원하는 마음으로 나아가십시오."('예수 그리스도를 깊이 체험하기'(생명의 말씀사) 중)

12
눈물과 웃음의 자리

"잘 울어야 눈물도 꽃이 됩니다/ 나를 위해 울지 말고 너를 위해 울 때/ 너무 오래 울지 말고 적당히 울 때…죄를 뉘우치는 겸손으로 착하게 울 때/ 눈물은 진주를 닮은 하나의 꽃이 됩니다/ 세상을 적시며 흐르는 강물 꽃 눈물 꽃이 됩니다"(이해인의 시 '눈물 꽃')

인간이 흘리는 모든 눈물이 똑같은 것처럼 보입니다. 실제로는 언제 어떻게 흘리느냐에 따라 눈물의 구성 성분이 다릅니다. 눈물을 발생시키는 뇌의 지점도 다릅니다.

눈물의 화학적 구성을 오랫동안 연구해온 미국 생화학자 빌 프레이는 눈물을 생물학적 기준에서 '지속적인 눈물', '자극에 의한 눈물', '감정적 눈물'로 나눴습니다. '지속적인 눈물'이란 흘러내리는 눈물이 아닌, 눈동자 표면을 촉촉하게 해 주는 윤활유와 같은 것입니다. '자극에 의한 눈물'은 눈이 손상될 위험이 있을 때만 작용합니다. '감정적 눈물'은 강력한 감정이 불러오는 눈물입니다. 이 눈물은 마음의 메시지를 담고 있으며 심리치료에도 영향을 줍니다. 이해인 시인이 노래한 '눈물'은 딱딱하게 굳어진 인간의 죄성을 녹이는 '참회의 눈물'을 의미합니다.

그런데 어떤 경우는 눈물을 흘려야 할 때 웃음이 날 때가 있습니다. 보통 헛웃음이라고 합니다. 30대 직장인 A씨는 고교 시절 친구들의 괴롭힘에 힘들었습니다. 가정폭력을 견디다 못한 엄마는 우울증으로 목숨을 끊었습니다. 칠흑같은 청소년기를 보낸 그는 직장생활도 결혼생활도 순탄치 않았습니다. 한 집단 상담에서 자신의 이야기를 하며 "전 힘들지 않았어요"라고 아무렇지 않게 말했습니다. 눈물을 흘려야 할 대목에서 헛헛하게 웃었습니다. 집단 상담을 인도하던 상담자는 그에게 "힘들다고 얘기해도 괜찮아요"라고 말했습니다. 동석한 5~6명에게 공감 어린 위로를 듣던 그는 그제야 "정말로 힘들었어요"라고 말했고 결국 엉엉 울기 시작했습니다. 눈물이 슬픔의 해독제가 될 수 있었습니다.

그가 감정을 숨겼던 것은 불안감 때문이었습니다. 우린 누군가의 공감을 받을 때 불안감을 밀어낼 수 있습니다. 충분히 안전하다고 여길 때 비로소 울 수 있습니다. 슬픔이 공감을 만나는 순간 행복으로 전환될 수 있습니다.

공감이란 자신의 경험으로 해법을 설명하거나 논리적으로 판단하지 않고 상대의 아픈 감정에 머물러 있는 것입니다. 감정의 엘리베이터를 타고 함께 상대의 마음 밑바닥으로 내려가야 합니다. 그리고 그 순간에 함께 머무는 것입니다. 상대의 감정을 함께 느끼는 공감은 인간과 인간의 관계를 더욱 가깝게 해줍니다. 슬픔이란 감정이 밖으로 드러나 누군가와 공유되면 연대감과 행복감이 생깁니다. 그 대상이 사랑하는 사람이면 기쁨은 배가됩니다.

남에게 털어놓기 어렵거나 공감해 줄 동료가 없는 사람은 어떡해야 할까요. 상담가들은 상처받았던 '그때 그 순간 자신의 모습'을 기억하고 이렇게 말하라고 합니다.

"넌 분명한 이유가 있어서 이 세상에 온 존재야. 내가 안아줄게. 더 이상 혼자 두지 않을게."

'그 아이'가 느꼈을 무거운 감정을 더 이상 숨겨둘 필요가 없을 때 비로소 그 기억은 대뇌변연계의 기억 장소인 해마에 다시 꺼내도 괜찮은 기억으로 편입됩니다.

성경 창세기 17~18장에 100세 아브라함과 90세 사라가 "아들을 낳을 것"이란 천사의 고지를 듣고 웃었다는 기록이 나옵니다. 이 웃음에 대해 미국 작가이자 목사 프레드릭 비크너는 '진리를 말하다'(비아토르)에서 이렇게 말합니다.

"이 웃음은 눈물이 나오는 곳만큼 깊은 곳에서 나온다. 어떤 면에서 이 웃음은 눈물과 똑같은 곳에서 나온다. 눈물이 그렇듯 웃음도 세상의 어둠에서, 길 잃은 모든 이들이 하나님을 몹시 그리워하는 그 세상에서 온다. 다만 웃음은 어둠의 적으로, 어둠의 한 증상으로서가 아니라 어둠의 해독제로 온다는 점만 다르다."

이 웃음은 자식 없이 지내 온 긴 세월의 회한, 큰 민족의 아버지가 될 거라는 하나님의 약속이 지켜지리란 안도감, 어쩌면 아들을 낳을지도 모른다는 믿음 등으로 불안하고 복잡한 감정이 표출된 게 아닐까요. 만일 천사가 "주님 약속을 기다리며 얼마나 힘들었소. 하나님은 항상 기억하고 계셨다오"라고 말했다면 부부는 감정을 억누르지 않고 눈물을 보이지 않았을까요.

눈물 꽃과 웃음꽃이 피는 토양은 다르지 않습니다. 웃음과 눈물의 직접적인 계기가 무엇이든 결국 내 삶의 토양에서 피어나는 것입니다. 내 안의 유배된 기억을 그대로 바라볼 수 있어야 합니다. 부모에게 버려진 느낌, 한 명도 아는 척해 주지 않는 학교생활, 무기력했던 모습도 모두 나의 일부이고, 이를 받아들이는 일이 내가 다시 버림받거나 비난받을 일이 아니란 사실을 아는 것이 치유의 완성입니다. 시인의 노래처럼 눈물은 진주를 닮은 꽃이 되고, 세상을 적시며 흐르는 강물 꽃이 될 것입니다. 아픈 과거를 가진 이에게 눈물은 해독제가 될 수 있으며, 슬픔도 공감을 만나면 행복으로 전환될 수 있습니다.

13

신의 함정 속으로

예수님이 우리에게 주시는 멍에는 쉽고 그 짐은 가볍다고 분명히 말씀하셨는데 삶은 왜 이토록 힘들까요? 예기치 않은 사고나 질병, 금전적인 고난과 삶의 역경을 만날 때 "내가 이렇게 힘든데 하나님은 대체 어디 계신가요?"라고 반문하게 됩니다.

이에 대해 일본 소설가 엔도 슈사쿠는 '엔도 슈사쿠의 문학 강의'(포이에마)에서 하나님은 인간의 가장 비루하고 약한 부분, 어떻게도 해 볼 수 없는 부분을 통해 말을 걸어 온다고 말합니다. 하나님은 우리가 어려움에 빠질 때 자신을 더 찾게 만들며 어떤 상황 속에서도 우리를 포기하지 않는다는 의미일 것입니다. 철저히 깨지고 아플 때 하나님은 우리가 빠진 함정으로 들어오신다는 것입니다.

"신은 어디로 숨어들지 모른다. 그리고 신은 우리가 범하고 있는 악을 이용해서라도 우리를 붙잡으려고 한다. 그러나 어떤 죄 안에도 구원의 가능성이 있고, 어쩌면 죄 안에야말로 그 가능성이 있을지도 모른다… 어떤 죄 안에도 신이 그 인간을 바로 옆으로 끌어당기려는 함정이 설치되어 있을지도 모른다."('엔도 슈사쿠의 문학 강의' 중)

작은 사업을 하며 단란한 가정을 꾸려 가던 40대의 H씨는 3년 전, 믿었던 친구에게 거액을 빌려주고 금전적인 손해를 입었습니다. 친구가 잠적하는 바람에 피해를 고스란히 떠안았습니다. 배신에 대한 분노와 억울함은 이루 말할 수 없었습니다. 사람들이 전부 자신에게 등을 돌릴 것 같아서 두려웠습니다. 아내와 극심한 불화로 매일 어떤 방법으로 생을 마감해야 할까를 고민했습니다. 날씨가 맑은 어느 날, 한강대교에 자동차를 세워놓고 뛰어내리려 한 적도 있었습니다. 초등학교 때부터 교회를 다녔고, 시간 날 때마다 하나님을 찬양했던 자신이 말입니다. 그를 가장 힘들게 한 것은 '하나님이 나를 버리신 것 같다'란 절망적인 생각이었습니다. 어깨를 두껍게 감싸고 있는 '거대한 슬픔'이 삶을 질식시킬 것 같았습니다.

그러던 그가 다시 일어설 수 있게 된 것은 고난의 시간을 바라보는 그의 생각을 바꾸고 난 후였습니다. 고난의 시간이 어쩌면 하나님께서 자신에게 준 은총일지도 모른다는 생각을 했습니다. 그가 빠진 '함정' 속으로 하나님이 들어온 것입니다. 하나님의 존재를 부인하고 의심할 때 하나님의 존재는 더 분명해졌습니다. 하나님이 여전히 자신을 사랑하고 계신다고 믿었습니다. 자책은 아무런 도움이 되지 않았습니다. 자신을 존중하고 사랑하기로 했습니다. "난 절대 포기하지 않아. 잘할 수 있어. 난 정말 괜찮은 사람이야"란 생각이 들었습니다. 가족이 함께 살기 위해 무슨 일이든 할 수 있는 용기가 생겼습니다. 예전엔 생각하지 못했던 아르바이트, 일용직이 부끄럽지 않았습니다. 그는 지금도 앞으로 나가는 중입니다. 환경이 달라진 것은 없지만 자신을 사랑하고 존중하게 되자 고난을 견딜 힘이 생겼습니다. 끝까지 살아만 낸다면 고난이 은총이 될 수 있다는 믿음이 생겼습니다.

하나님은 우리가 미지근한 신앙으로 살 때보다 차갑거나 뜨거운 신앙으로 살 때 우리의 삶 안으로 들어오십니다. 성경도 그렇게 말합니다.

"내가 네 행위를 아노니 네가 차지도 아니하고 뜨겁지도 아니하도다 네가 차든지 뜨겁든지 하기를 원하노라 네가 이같이 미지근하여 뜨겁지도 아니하고 차지도 아니하니 내 입에서 너를 토하여 버리리라"(계 3:15~16)

하나님께서 우리를 결과적으로 형통케 하신다는 것을 믿는 것이 고난을 이겨내는 출발점입니다. 실패의 경험이 많았어도 꿈꾸기를 두려워하지 마십시오. 설사 실수를 반복한다 해도 나선형으로 반복하기에 조금씩 수정 보완하며 성장할 수 있습니다. 인생이 가치 있는지, 없는지를 어떻게 알 수 있을까요. 인간의 눈으로는 볼 수 없습니다. 각자의 인생을 하나님의 눈으로 봐야 볼 수 있습니다. 사랑과 연민이 가득한 따뜻하고 너그러운 절대자의 눈으로 가족과 친구들을 대할 수 있다면, 무엇보다 자신을 사랑과 연민이 가득한 너그러운 절대자의 눈길로 바라볼 수 있으면 좋겠습니다.

자신을 일으키는 힘은 '꿈꾸기'입니다. 꿈꾸는 방법을 잃어버렸다면 그것은 해도 안 될 거라는 부정적인 생각 때문일 것입니다. 실패할까 봐, 상처 받을까 봐 아예 시도조차 하지 않는 것은 '우리가 말하는 대로 될 수 있다'는 것을 믿지 않아서입니다.

그러나 꿈꾸는 사람들에게 반드시 찾아오는 손님이 있습니다. 꿈을 꾸기 시작하면 신기하게도 고난이 그치지 않습니다. 그러나 더 신기한 것은 파도처럼 밀려오는 고난이 결코 꿈을 멈추게 하지 못한다는 것입니다. 머리가 좋아서 꿈을 이루는 것이 아닙니다. 돈이 많아서 꿈을 이루는 것이 아닙니다. 마음의 생각과 꿈, 믿음의 말이 운명을 좌우합니다. 꿈을 안고 있으면 반드시 이루어집니다.

14

혹한을 버티는 펭귄처럼

~~~~~~~~~~~~~~~~~~~

펭귄만큼 애니메이션 캐릭터로 오랫동안 사랑받는 동물은 드문 것 같습니다. 1953년 미국 유니버스가 제작한 애니메이션 '칠리 윌리(Chilly Willy)'를 시작으로, BBC TV 애니메이션 시리즈 핑구어로 말하는 '꼬마 펭귄 핑구', 어린이들의 대통령으로 불리는 한국 EBS TV '뽀로로', 2030의 최애 캐릭터 '펭수'에 이르기까지 펭귄은 많은 사랑을 받는 스타 동물입니다.

그런데 왜 펭귄일까요? 새하얀 얼음 위를 어린아이처럼 종종 걷고 토실한 배를 썰매 삼아 미끄러지기도 하는 특유의 귀여움, 날개는 있지만 날지는 못하고 뒤뚱거리며 걷는 신체의 희극성, 까만 연미복을 입은 것처럼 보이는 생김새 등은 동심을 사로잡을 만합니다. 그런데 이 펭귄에 대해 좀 더 이야기해 주고 싶은 것이 있습니다. 펭귄의 '생존 전략'입니다.

펭귄이 사는 남극의 겨울 기온은 섭씨 영하 60도에서 70도를 오갑니다. 펭귄이 혹독한 추위를 견디는 방법은 '집단적 체온 나누기'입니다. 눈보라가 덮치기 직전 펭귄들은 본능적으로 서식지 중앙을 향해 모이기 시작합니다. 펭귄들은 자신의 체온을 조금이라도 유지하기 위해 서로의 어깨를 맞댑니다. 혹한의 눈보라 속에서 얼어 죽지 않고 살아갈 수 있는 펭귄의 생존법, 허들링(Huddling)입니다. 대열 안쪽의 펭귄은 자신보다 바깥에 있는 펭귄들이 눈 폭풍을 막아 줘 상대적으로 따뜻합니다. 하지만 바깥쪽 펭귄들은 눈 폭풍을 맨몸으로 견뎌야 합니다. 신비로운 점은 펭귄의 배려입니다. 무리의 바깥에 있는 펭귄은 동료와 자리를 바꿔 가며 점점 안으로 들어오고, 안에 있던 펭귄은 동료와 자리를 바꿔 가며 바깥으로 나갑니다. 그 어느 펭귄도 안쪽에만 있겠다고 고집하지 않습니다.

우리 사회는 코로나 시국으로 사회적 거리두기가 시행된 후 많은 사람들이 힘겨운 시간을 견뎌야 했습니다. 경기가 침체되면서 가장 먼저 칼바람을 맞는 사람은 소상공인들이었습니다. 매상이 3분의 1 토막 난 식당은 물론 월세를 감당하지 못해 문 닫는 곳도 잇따랐습니다. 임대료 걱정이 앞서는 소상공인들은 매일 살얼음 위를 걷는 심정이었습니다.

이런 우리 사회에 펭귄의 집단적 체온 나누기와 같은 공감과 연대가 필요합니다. 힘겨운 자영업자들에게 힘을 보태고 싶어 집단적 체온 나누기에 나서는 이들도 있었습니다. 어려운 소상공인들을 도울 방법을 고민하던 서울의 두 청년이 선결제 플랫폼 'MITZY(밋지)'를 만들었고, 대전 지역 대학생들은 '카이스트-어은상권 상생 프로젝트'를 만들었습니다. 대구시 간호사 10명은 코로나19 지역감염 확산으로 고통을 겪고 있는 광주로 달려갔습니다. 소상공인을 돕는 선한 건물주들의 이야기도 들려왔습니다. 모두 자신이 처한 환경 속에서 연대할 수 있는 방법을 찾은 것입니다.

살아가면서 만나는 혹한의 추위로 비유되는 재난은 사람들을 연대하게 만들기도 하고 각자도생으로 빠지게도 만듭니다. 차이는 공감대 형성입니다. 펭귄이 눈보라 앞에 당당히 맞설 수 있는 원동력은 연대입니다. 동료를 믿으며 자신의 생존만 고집하지 않는 펭귄 연대가 필요한 시대입니다. 연대는 이웃을 서로 돕는 일이지만, 자선과는 다릅니다. 자선이 시혜적이라면, 연대는 상호 의무로 묶인 관계입니다. 자선이 누군가의 불행을 안타깝게 여기는 접근이라면, 연대는 위험을 분산시키는 공동의 노력입니다.

미래가 보이지 않을 때, 앞이 보이지 않고 힘겨울 때 연미복을 입은 남극 신사 펭귄의 깍듯한 인사를 건네고 싶습니다. 어린 시절 보았던 꼬마 펭귄 칠리 윌리가 조그만 털모자를 벗고 인사하며 이렇게 말할 것 같습니다.

"삶이 힘겨울 땐 딱 하루만 살아요/ 위선이나 탐욕도 부리지 말고 하루치의 욕심에 만족하기로 해요/ 삶이 힘겨울 땐 딱 하루만 고민해요. 내일은 더 좋아질 거란 생각 말고 하루치의 사랑에 만족하기로 해요/ 삶이 힘겨울 땐 딱 하루만 살아요/ 투박한 검정 슬리퍼를 벗어 던지고 바람이 부는 반대쪽을 향해 고개를 숙여요/ 치열하게 바람과 맞서는 기왓장처럼/ 삶이 힘겨울 땐/ 딱 하루만 살아요/ 대열에서 벗어나지 말고 공평한 체온을 나눠요/ 집단적 체온 나누기로 혹한을 버티는 펭귄처럼."

(이지현의 시 '펭귄의 위로')

15

언어의 처방전 쓰기

"우리 다 행복했으면 좋겠어. 쨍하고 햇볕 난 것처럼, 구겨진 것 하나 없이."

2022년 방영했던 JTBC 드라마 '나의 해방일지'에 나오는 막내딸 미정(김지원 분)의 대사입니다. '나의 해방일지'는 서울 외곽에 사는 삼남매가 행복을 찾기 위해 고군분투하는 이야기로, 방영 초반부터 시청자들의 마음을 울리는 대사들이 나옵니다. 카드회사에서 디자인팀 계약직 사원으로 일하는 미정은 사람과의 관계에 지친 나머지 "모든 관계가 노동이에요. 눈 뜨고 있는 모든 시간이 노동이에요"라고 말합니다. 그러면서도 고독함을 느끼며 "아무 일도 일어나지 않고, 아무도 날 좋아하지 않고…"라고 덧붙입니다.

첫째 딸 기정(이엘 분)은 "아무한테나 전화 와서 아무 말이나 하고 싶어. 존재하는 척 떠들어대는 말 말고, 쉬는 말이 하고 싶어"라고 말합니다. 사회적 위치에 따른 의무적인 대화가 아니라 마음속에 있는 말을 하고 싶다는 것입니다. 그가 말한 '쉬는 말'이란 위로하는 말, 힘이 되는 말일 것입니다. 심호흡을 하면 평안해지듯이, 말하면 편해지는 말이 쉬는 말이 아닐까요. 사실 사람과의 관계가 힘든 것도 이런 '마음의 언어'(쉬는 말)를 나누지 못하기 때문입니다.

언어는 누군가에게 상처를 주기도 하고, 반대로 누군가의 깊은 상처를 치유할 수도 있습니다. 또한 설렘과 기쁨을 주기도 하고, 희망과 용기를 주기도 합니다. 반면 엇나간 언어의 힘은 누군가의 분노를 자아낼 수도 있습니다. 언어에는 온도가 있습니다. 위로가 되는 따뜻한 언어, 상처가 되는 차가운 언어, 마음을 담지 않은 미지근한 언어 등이 있습니다. 이런 언어의 온도에 따라 마음이 따뜻해지기도 하고, 냉랭해지기도 합니다.

행복하지 못할 이유가 없는데 행복하지 않은 삶, 가둔 사람도 없는데 스스로 갇힌 시간 속에서 살고 있다면 마음의 언어를 써 보십시오. 사람들은 삶이 힘겨울 때 뭔가 비범하고 독특한 해법을 찾곤 합니다. 하지만 정작 우리에게 용기를 주는 것은 소박하고 평범한 것들입니다. 나를 치유하는 언어, 관계를 이어 주는 언어, 마음을 따뜻하게 해 주는 언어를 사용해 보세요. 선한 말은 마음이 상한 것과 몸이 병든 것을 치료할 뿐 아니라 관계도 치료합니다. 선한 말은 마음이 상한 사람이나 고통을 겪고 있는 사람에게 해 주는 따뜻한 위로입니다. 침묵이 오히려 나을 때도 있지만 말이 아니면 할 수 없는 일들도 있습니다. 우리는 모두 누군가의 위로가 필요합니다.

그렇다고 어색한 침묵을 피하고자 하는 말들은 공허합니다. 말을 많이 해서 호감을 사려 하기보다 상대방의 말에 귀를 기울이는 편이 현명합니다. 선한 말은 사람을 치료하지만 악한 말은 사람을 병들게 합니다. 함부로 하는 말, 독한 말, 날카로운 말은 마음을 상하게 합니다.

"칼로 찌름같이 함부로 말하는 자가 있거니와 지혜로운 자의 혀는 양약과 같으니라."(잠 12:18)

"뱀 같이 그 혀를 날카롭게 하니 그 입술 아래에는 독사의 독이 있나이다."(시 140:3)

망설이고 주저하면서 내뱉는 형식적인 말들은 상대를 외롭게 만듭니다. 예를 들어 암으로 입원 중인 사람에게 "힘내서 암과 싸우세요", "포기하지 마세요. 곧 나을 거예요" 하는 말보다 "지금 당장 해야 할 일은 인내뿐입니다"라는 말이 더 힘을 줍니다. 또 상대의 말을 끊지 않고 끝까지 들어 주는 것도 중요합니다. 대화 내용이 하찮은 것일지라도 귀하게 여겨 주는 것이 건강한 대화의 기본 자세입니다. 상대의 마음을 읽어 주는 것도 중요하지만 자신의 마음을 살피고 표현해야 합니다.

만약 지금 힘든 시간을 보내고 있다면 나에게 위로와 용기를 주는 '언어 처방전'을 써 보세요. 힘이 되는 명언, 성경을 읽으며 눈에 담았던 구절, 마음에 와닿는 시 등을 활용할 수 있습니다. 나를 위로해 주는 명구들을 잘 챙겨 뒀다가 목록으로 만들어 사용할 수 있습니다. 힘들 때마다 그 문장을 되새긴다면 한결 더 편안해질 수 있을 것입니다.

아플 때 약을 먹는 것처럼, 힘들 때 꺼내서 반복할 수 있는 말들을 갖고 있으면 마음이 조금 편안해집니다. 마음을 울리는 말은 뇌에 각인되기 때문입니다. 혼자가 돼서 불안할 때, 외로울 때, 부정적인 생각에 지배당할 때, 이런 말들을 갖고 있으면 그 힘으로 어려움을 이겨낼 수 있습니다. 언어는 힘이 셉니다. 한마디 말로 축 처진 어깨를 세울 수 있고 고래도 춤추게 할 수 있습니다. 반면 상처를 줄 수도 있고 용기를 꺾을 수도 있습니다. 이렇게 강력한 무기가 나에게 있습니다.

16

플라스틱의 복수

～～～～～～～～～～～～～～～～

 분노는 썩지 않는 플라스틱과 공통점이 있습니다. 분노는 한번 마음에 던져지면 오랫동안 주변 사람들을 힘들게 합니다. 플라스틱은 환경오염의 강력한 주범입니다. 지속적인 부모의 분노는 자녀들이 마음의 병을 앓게 하는 중요한 원인입니다. 자연을 훼손하면 재해로 돌아오는 것처럼, 자녀에게 준 분노는 부모에게 부메랑으로 돌아옵니다. 분노는 한 세대에서 두 세대에 걸쳐 영향을 미칠 수 있습니다. '플라스틱의 복수'처럼 무서운 이야기입니다. 누군가에게 화를 퍼붓는 것은 썩지 않는 플라스틱을 던지는 것과 같습니다.

 자수성가한 50대 후반의 고위 공무원 A씨는 분노의 감정이 대물림된 사례입니다. 열아홉 살 큰아들은 게임 중독으로 인한 조현

병으로 정신병원에 입원했습니다. 열일곱 살 작은아들은 은둔형 외톨이로 집 밖을 나가지 않은 지 1년이 넘었습니다. 행복을 꿈꾸며 결혼했는데 어쩌다 이렇게 됐는지 도무지 알 수가 없습니다. 고민 끝에 상담실을 찾았습니다. 자신의 모습을 객관적으로 돌아볼 수 있었습니다. 그의 부모는 하루가 멀다 하며 싸웠습니다. 아버지의 폭력을 견디다 못해 어머니가 집을 나갔을 때의 공포와 불안은 40여 년의 세월이 지난 지금도 너무나 생생합니다. 그는 상담가의 조언대로 화가 날 때 거울로 자신의 얼굴을 바라봤습니다. 아버지의 화난 얼굴이었습니다. 소름이 끼쳤습니다. 아버지가 했던 그대로 분을 참지 못하는 자신을 보았습니다. 그는 상담가의 요청으로 한 교회에 등록하고 심리치료를 받았습니다.

6개월 후 큰아들은 조금씩 좋아져 한 달에 하루 정도 집에서 지냈습니다. 그러던 어느 날 큰아들이 "엄마 밥 줘요. 친구들은 이제 대학생이에요. 검정고시 학원에 다니고 싶어요"라고 말했습니다. A씨는 1년 휴직하고 아들을 학원에 등하원시켰습니다. 직장에 다니는 아내 대신 시장을 보고 아들에게 음식을 만들어 줬습니다. 자신의 폭언과 폭력에 아들이 느꼈을 공포를 생각하면 마음이 아팠습니다. 진심으로 용서를 구했습니다. 관계가 차츰 회복됐습니다. 형이 달라지자 작은아들이 방문을 열고 나와 "아빠 나 대안학교 보내 줘요"라고 했습니다. 현재 큰아들은 2년제 대학 제빵학과를 졸업해 제과제빵사가 됐고, 작은아들은 명문대 법대를 졸업

한 후 변호사가 됐습니다.

내가 던진 분노의 플라스틱이 지금 어디에 있는지 살펴보길 바랍니다. 무엇보다 분노를 자연 증발시켜야 합니다. 화낼 때 거울을 보십시오. 분노하는 자신의 모습이 얼마나 흉한지 알 수 있습니다. 화가 나는 순간 자리를 피하는 것도 방법입니다. 피할 수 없다면 머릿속으로 숫자를 세십시오. 6초면 화난 감정이 사그라지고 3분이면 화난 순간을 객관적으로 볼 수 있습니다. 화가 난 일을 글로 쓰면 분노가 조금은 해소되며, 쓴 글을 읽으면 많이 사라집니다. 나만의 즐거운 일을 통해 에너지를 충전하고 운동으로 체력을 키우는 것도 좋습니다.

세상엔 아버지를 가장 존경하는 인물로 꼽는 사람이 있는가 하면 아버지처럼 살지 않는 것이 인생의 목표라는 사람도 있습니다. 아버지의 사랑은 인생의 기초 공사와 같습니다. 이 기초 공사가 잘못되면 병든 자아상, 부정적인 결혼관 등을 가질 수 있습니다. 아버지의 존재는 단순히 자녀에게 교육비를 대 주는 경제적 후원자가 아니라 자녀의 정신적 도덕적 성장에 영향을 미칩니다.

'돌아온 탕자'(눅 15:11~32)에 등장하는 아버지에 관해 이야기하고 싶습니다. 만일 탕자의 가정이 매일 싸우는 소리가 끊이지 않는 집이었다면, 아버지가 아들의 가출 버릇을 고쳐놓겠다고 이를 갈고 있었다면 아마 탕자는 집으로 돌아오는 선택을 하지 않았을 것입니다. 위기를 만난 자녀를 다시 일으키고 가정으로 돌아오게 한 위대한 힘이 아버지에게 있었습니다. 탕자에 대한 아버지의 태도는 용서였습니다. 아버지의 용서는 언제나 절망으로부터 일어서게 하는 힘이 됩니다.

성경의 '측은히 여기다'(눅 15:20)는 아들의 아픔을 깊이 이해하는 아버지의 마음을 표현한 것입니다. 이 사랑이야말로 자녀의 인격을 성숙시킵니다. 아버지가 사랑을 경험시켜 주지 않으면 어머니의 사랑은 힘을 발휘하지 못합니다. 아버지를 무서워하는 아이는 세상을 두려워합니다. 이것이 자아상을 만듭니다. 아버지의 사랑으로 자녀 인생에 기초 공사를 잘 닦아 놓았을 때 비로소 어머니의 사랑이 그 위에 건축됩니다.

자녀는 아버지와 어머니에게서 각기 다른 덕목을 배우고 자랍니다. 아버지에게서는 도덕적 의식과 현실을 이기는 힘, 규율을 배웁니다. 어머니에게서는 감성적인 측면과 사랑을 배웁니다. 부모의 가장 큰 사명은 자녀를 '세우는 일'입니다. 자녀를 올바로 세우는 일은 우리 삶에서 어떤 직업상의 경력보다 더 소중합니다.

17

유머는 분노를 녹인다

 우리는 때로 다른 사람이 무심코 던진 농담에 불같이 화를 내기도 합니다. 하지만 왜 그렇게 화가 났는지 가슴에 손을 얹고 생각해 보면 이유는 의외로 간단합니다. 바로 자신이 마음속으로 가장 걱정하고 가장 약하다고 생각하는 그 부분을 상대가 건드렸기 때문입니다.

 이때 자신을 보호하는 무의식적인 심리 작용이 일어납니다. 심리학에서 이것을 '방어기제'라고 합니다. 누구나 방어기제를 사용하는데 미성숙한 방어기제로는 현실을 인정하지 않는 '부정', 남에게 잘못을 돌리는 '투사', 화를 참지 않는 '행동화', 육체적 질병을 호소하는 '건강 염려증', 이전 발달 단계로 돌아가는 '퇴행' 등이 있습니다. 반면 성숙한 방어기제로 '이타주의', '금욕주의', '유머' 등이 있습니다. 모든 방어기제는 마음의 아픔을 가리는 방패막이 역할을 하지만 마음의 진실을 감추기도 합니다. 예상치 못한 당황스러운 상황에서 어떤 방식으로 반응하는지 돌아보면 자신의 방어기제를 알 수 있습니다.

유머는 멋쩍음을 감춰 주고 난처한 국면에서 벗어나게 도와주며 마음의 응어리를 풀어 주기도 하는 중요한 능력입니다. 유머 감각을 적절히 활용하면 다른 사람에게 더 좋은 이미지를 심어 줄 수 있고, 친밀감을 더할 수도 있습니다. 좋은 리더가 구사하는 최고의 방어기제는 유머인 듯합니다.

인도의 독립을 이끈 마하트마 간디의 영국 유학 시절 이야기입니다. 식민지 청년이란 이유로 그를 업신여긴 한 영국인 교수가 학교 식당에서 옆자리에 앉은 간디에게 말했습니다.

"돼지와 새는 한자리에서 밥을 먹을 수 없다네."

이에 간디는 "그럼 제가 다른 자리로 날아가겠습니다"라고 말했습니다. 앙심을 품은 교수가 수업 시간에 간디에게 질문했습니다.

"지혜와 돈 보따리 중 하나를 고르라면 무엇을 선택하겠나?"

간디는 돈 보따리를 택하겠다고 말했습니다. 교수는 "어찌 배우는 학생이 그럴 수 있지? 나라면 지혜 보따리를 챙길 텐데"라고 핀잔했습니다. 이에 간디가 답했습니다.

"네, 누구나 자신에게 부족한 걸 취하는 법이지요."

또다시 교수에게 복수할 기회가 왔습니다. 교수는 거의 만점에 가까운 간디의 답안지에 'idiot(멍청이)!'라고 썼습니다. 이를 받아든 간디가 교수에게 물었습니다.

"제 답안지엔 점수가 없고, 교수님 서명만 돼 있는데, 무슨 일이죠?"

유머를 구사하는 이들은 이미 상대방의 공격을 예상하기에 날카로운 분노를 부드러운 유머로 녹여 버립니다.

또 그가 영국 정부 초청을 받아 런던에 갔을 때 일화입니다. 영국 정부는 간디를 귀족들의 저녁 만찬에 초청했습니다. 영국인 귀족 한 사람이 간디를 골려주려고 자기가 먹은 생선의 가시를 간디 쪽으로 밀어 놓고 말했습니다.

"간디 옹은 식욕이 대단하시군요. 아니면 굶주리셨거나."

좌중에 폭소가 터졌습니다. 손님에 대한 예의가 아니었습니다. 그러나 간디는 태연하게 상대 이름을 부르며 이렇게 말했습니다.

"당신이야말로 식욕이 대단하시군요. 굶주리셨거나. 생선을 가시째 다 드신 걸 보면요."

가시가 하나도 없는 그의 식탁을 보며 한 말이었습니다.

누군가 자신을 무시한다고 느껴질 때 화가 치밀어 오르는 것은 당연합니다. 이런 분노의 순간에도 유머를 잃지 않으려면 어떻게 해야 할까요. 단순한 재치만으론 부족합니다. 평소 '아무리 화가 나도 유머를 잃지 않는다'와 같은 삶의 철학을 세워 두고 이를 지키려 노력할 때라야 가능한 일입니다. 자신을 깎아내리지 않는 선에서 약점을 유머로 승화해 자조할 줄 알면 사람들과의 거리를 좁혀 주변에 웃음이 끊이지 않도록 만들 수 있습니다. 상대에게 상처를 주거나 자신의 품위를 손상하지도 않을 정도의 농담은 긴장된 분위기를 완화시킵니다. 단 절대 상대의 외모에 대한 농담은 하지 않아야 합니다.

심리학자들은 다른 사람의 농담을 웃어넘기거나 자조 섞인 유머를 구사하려면 자신을 잘 이해하고 있어야 한다고 말합니다. 자기 반성이라고 해서 자신을 비난할 필요는 없습니다. 친구가 무심히 한 농담에 화가 치밀어 오른 경험이 있다면 "내가 왜 이런 감정이 드는 걸까?"라고 자문해 보십시오. 분노의 이면에 자신이 마주하기 싫었던 약점을 발견할 수 있을 것입니다.

무엇보다 흥미로운 점은 유머를 통해 자신의 열등감을 드러내면 마음속에 웅크리고 있는 열등감의 무거운 갑옷을 벗을 수 있다는 것입니다. 자신의 약점을 당당하게 말해 버리면 아무도 뭐라 하지 않습니다. 약점을 자꾸 마음 안에 감추다 보면 어느새 열등감은 무거운 갑옷이 돼 세상과 부딪힙니다. 그러나 갑옷을 벗고 여린 속살을 햇볕에 쬐어 주면 온전히 자신을 사랑할 수 있을 것입니다.

18

희망이 우리를 치유한다

"만약 20년 전의 시간으로 돌아갈 수 있다면 꼭 해 보고 싶은 일이 무엇인가요?"

은퇴한 인생의 선배들을 만날 때마다 그들에게 물어보는 말입니다. 사실 그들의 아쉬움을 인생의 조언으로 삼고 싶은 마음에서였습니다. 대부분 그들은 남의 평판에 신경 쓰느라 자신의 뜻대로 살지 못한 것, 너무 바쁘게 활동하느라 가족과 함께한 시간이 부족했던 것, 변화보다 안정을 추구하느라 도전하며 살지 못한 것, 좀 더 베풀고 포용하지 못한 것 등을 후회했습니다.

이들의 아쉬움을 역설적으로 풀어 보면 인생을 살아가는 데 꼭 성취해야 할 것은 타인의 평판이 아니라 하나님의 평판에 귀 기울이기, 가족과 함께하는 시간 만들기, 창조적인 일에 도전하기, 포용하고 용서하기 등이 아닌가 싶습니다. 반면 "파김치가 되도록 열심히 일하느라 매일 늦게 귀가했지만 그래서 그나마 집 장만하고 자녀 양육을 해 왔다"고 말할 수도 있겠습니다. 맞습니다. 지난 시간을 어떻게 살아 왔든 모든 사람들의 인생은 소중합니다.

지난 시간들이 미분(微分)의 순간이었다면 앞으로 펼쳐질 시간은 적분(積分), 즉 통합의 시간입니다. 인간의 자연 수명이 점점 늘어나기 때문에 앞으로 더 많은 기회들이 기다리고 있습니다. 많은 사람들이 타인의 평판에 신경 쓰며 에너지를 소비하며 삽니다. 인정받기 위해 자신의 일부를 상실하고 건강마저 잃기도 합니다. 이젠 주님이 나를 어떻게 평가하실까에 관심을 기울여야 합니다. 중년기에 처한 대부분의 사람들은 영적 가치나 의미에 의해서만 충족될 수 있는 '실존적 공간'을 갖고 있습니다. 영적인 삶을 사는 사람이 훨씬 더 젊게 산다는 것은 이미 과학적으로도 증명되고 있습니다. '미국 공중보건저널'에 발표된 연구에 따르면 5286명의 앨러미다 카운티 주민을 28년 동안 추적 관찰한 결과 규칙적으로 예배에 참석하는 사람들은 그렇지 않은 사람보다 7.5년 더 오래 살았습니다. 신앙공동체는 고립을 방지하고, 넓은 인맥을 제공해 건강에 긍정적인 영향을 미칩니다.

어떤 말을 해도 비난받지 않고 진정한 자신의 모습을 드러낼 수 있는 건강한 가족관계의 회복이 중요합니다. 이 시대 아버지들에게 생명보험 들듯 '감정의 보험'에 들라고 충고하고 싶습니다. 감정 보험의 보험료는 돈이 아닌 시간으로 지불됩니다. 보험료를 내는 방법의 하나는 아이들과 함께 있을 때 동영상을 찍는 것, 가족이 어떻게 웃고 즐겼는지 추억의 시간을 기록으로 남기는 것입니다.

또 창조적인 일의 도전을 권합니다. 미국의 소설가 마크 트웨인의 "앞으로 20년 후 당신은 저지른 일보다는 저지르지 않은 일에 대해 더 후회할 것이다. 지금 당장 안전한 항구에서 밧줄을 풀고 항해를 떠나 탐험하고 꿈꾸며 발견하라"는 말을 곱씹어 보게 됩니다. 아울러 용서하고 포용해야 합니다. 감정의 쓴 뿌리는 각종 병원균에 대한 저항력을 감소시켜 몸과 마음을 병약하게 만듭니다. 용서는 어려운 일이지만 한번 경험하면 자유의 문이 열립니다. 내면 깊은 곳으로부터 평안과 관용이 샘솟듯 밀려오기 때문입니다.

삶이 힘겨울 때마다 우린 뭔가 비범하고 독특한 해법을 찾곤 하지만 정작 우리에게 용기를 주는 것은 소박하고 평범한 것들입니다. 사람이 지니고 있는 힘 가운데 가장 강한 것 중에 하나는 희망입니다. 희망은 미래를 자기의 것으로 만드는 계기를 마련해 주기 때문입니다. 희망을 버리지 않는 한 희망이 우리를 치유합니다.

19
펩톡의 대가로 살기

입시, 취업, 승진, 수없이 많은 공모전과 프레젠테이션…. 우리 앞엔 수많은 삶의 징검다리가 놓여 있습니다. 설렘과 기쁨, 실망과 절망 중 어떤 결과가 나타날지 알 수 없는 이 돌들을 마음 졸이며 밟습니다. 누구나 실패를 꿈꾸진 않습니다. 책을 집필할 때는 베스트셀러 작가를 꿈꾸고, 편의점에서 로또 복권을 살 때도 5000원짜리 정도는 되겠거니 희망을 겁니다. 그러나 현실은 다릅니다.

2014년 방송된 tvN 드라마 '미생'은 서늘한 현실을 직면하게 했습니다. 주인공 장그래는 그 흔한 스펙 하나 없고, 고졸 검정고시 출신으로 컴퓨터 활용 능력 자격증이 전부였습니다. 어린 시절 바둑 신동이란 소리를 들었던 그는 고졸의 낙오자가 돼서 사회로 나옵니다. 그가 직면한 세상은 그야말로 약육강식의 정글입니다. '처음엔 누구나 다 힘들다', '청춘은 아픈 게 정상이다'라고 위로

하는 요즘, 그는 자신이 성공하지 못한 이유를 '열심히 안 해서'라고 자책합니다. 정말 그럴까요.

시련을 이겨내는 가장 큰 힘은 자기 자신에 대한 사랑입니다. 실수한 자신을 비난하고 책망하는 것은 현명하지 못합니다. 다른 사람들로부터 받는 상처보다 자신이 헤집고 쑤시는 상처가 더 크고 깊습니다. 그러나 '지금까지 잘해 왔잖아', '이번엔 못했지만 다시 도전해야지'라며 스스로 격려하면 용기가 생깁니다. 의지를 북돋우는 격려의 말을 '펩톡(peptalk)'이라고 합니다. 성공한 사람들은 모두 스스로에게 던지는 펩톡의 대가들입니다. 자신에 대한 펩톡은 나를 나답게 하는 성장의 동력입니다.

상처 없는 영혼이 어디 있겠습니까. 처음엔 누구나 서툴고 힘들다고, 청춘은 좌절과 시련을 그림자처럼 안고 사는 거라고 말하지만 위로가 안 됩니다. 고난의 순간에 가장 피해야 할 것은 자신을 미워하고 책망하는 것입니다. 영혼에 상처가 있으면 그 구멍으로 기쁨은 다 빠져나갑니다.

그동안 우린 많은 실망을 하며 자책해 왔습니다. 하나님께 모두 맡기면 모든 것이 해결될 줄 알았습니다. 실망하고, 주님께 등을 돌리는 부끄러운 행동을 하기도 했습니다. 그러나 승리의 순간이든 절망의 순간이든 기쁨과 슬픔의 감정은 여름날의 소나기처럼 어김없이 지나갑니다.

어느 날 다윗왕이 궁중의 세공인을 불러 명했습니다.

"날 위해 반지를 하나 만들되 반지 안쪽에 전쟁에서 큰 승리를 거두어 환호할 때도 결코 교만하지 않게 하고, 큰 절망에 빠져 낙심할 때도 결코 좌절하지 않으며 스스로에게 용기와 희망을 줄 수 있는 글귀를 새겨 넣어라."

세공인은 아름다운 반지를 만들었습니다. 하지만 아무리 고민해 봐도 반지에 새길 글귀가 떠오르지 않았습니다. 결국 그는 지혜롭기로 소문난 솔로몬 왕자를 찾아갔습니다. 잠시 생각에 빠진 솔로몬은 이렇게 적으라고 일러 주었습니다. 바로 '이 또한 지나가리라(This too shall pass away)'입니다(유대 경전 주석서 미드라쉬의 '다윗왕의 반지' 중에서). 유대인들은 이 구절을 붙잡고 독일 나치의 공포를 이겨낼 수 있었다고 합니다.

때로는 갈망하는 것이, 인내하는 것이, 서늘한 상실을 직면하는 것이 우리 삶에 힘이 되길 바랍니다. 견디고 이기면 상처가 무늬가 된다고 믿고 싶습니다.

"괴로움과 즐거움을 골고루 겪은 다음에 이룬 복이라야 비로소 오래가고 의심과 믿음을 골고루 겪은 다음에 이룬 지식이라야 비로소 참된 것이다."('채근담' 중)

크고 작은 아픔과 시련이 우리의 삶을 직조해 가겠지만 이 또한 지나갈 것입니다.

20

두려움에도 불구하고

'미움받을 용기', '버텨내는 용기', '인생에 지지 않을 용기', '상처받을 용기' 등 알프레드 아들러(1870~1937) 관련 서적들이 최근 몇 년 사이 잇따라 출간돼 '용기의 심리학'이 한국 사회를 조용히 흔들고 있습니다. '용기의 심리학자'로 불리는 아들러는 지그문트 프로이트, 칼 구스타프 융과 함께 심리학의 3대 거장으로 불립니다. 그러나 후세에 남긴 저서가 적은 탓에 대중에게는 낯선 이름입니다. 대중에게 존재감이 적은 아들러가 100년의 세월을 넘어 현재의 한국 독자들에게 주목받는 이유는 무엇일까요.

지금 우리 주변엔 극심한 경쟁 사회에서 타인의 욕구를 충족시키느라 지친 사람들, 다른 사람의 기대나 비난에 상처받은 사람들, 변하고 싶은데 과거의 상처에 사로잡혀 움츠리고 있는 사람들이 어느 때보다 많습니다. 아들러의 심리학이 힘겨운 시간을 보내고 있는 한국 사회에 울림을 주고 있는 것으로 보입니다.

인간의 고민은 대부분 인간관계에서 비롯됩니다. 어떤 종류의 고민이든 반드시 타인과의 관계가 얽혀 있기 때문입니다. 아들러는 책들을 통해 행복해지려면 인간관계에서 자유로워지라고 충고합니다.

> "당신이 뭔가를 하지 못하는 진짜 이유는 환경을 핑계 삼아 노력하지 않기 때문이다. 환경은 결코 원인이 될 수 없다."

> "행복해지려면 미움받을 용기도 있어야 한다. 그런 용기가 생겼을 때 인간관계는 한순간에 달라진다."

> "남에게 잘 보이려 하지 않을 때 우리는 편안해진다."

그가 말하는 용기는 자신의 편리를 위해 일방통행로를 역주행하면서 남의 시선을 아랑곳하지 않겠다는 것이 아닙니다. 내면의 나를 끄집어내 자신을 더욱 성장시키는 것이 용기란 것입니다.

사실 용기를 내기가 쉽지 않습니다. 사람들은 '가난해서, 학력이 낮아서, 외모 때문에 난 이렇게밖에 살 수 없다'고 말하는 경우가 있습니다. 트라우마가 현재의 불행을 일으킨다고 생각합니다. 아들러는 정반대의 주장을 합니다. 그것 때문에 변할 수 없는 것이 아니라 자신을 바꿀 수 있는 용기가 없어서 벗어나지 못한다는 것입니다.

물론 엄청난 재해를 당했다거나 어린 시절에 학대를 받았다면 그런 일이 인격 형성에 미치는 영향이 전혀 없다고 할 수는 없습니다. 하지만 중요한 것은 그런 일이 인생을 결정하지 않는다는 것입니다. 인간은 스스로 살아갈 용기를 갖는다면 얼마든지 변할 수 있는 존재입니다. 즉 트라우마가 운명을 결정하지 않고, 그 한계에 머물며 빠져나오지 못하는 용기 없는 태도가 운명을 결정하는 것입니다.

만일 지금 과거의 상처에서 벗어나지 못하고 있다면 지금 눈앞에 제일 먼저 보이는 문의 손잡이를 잡고 열어야 합니다. 그리고 용기를 내어 앞으로 나아가야 합니다. 고난을 당할 때마다 우리가 생각해야 할 것은 "고통이 있는 곳에 함께하신 하나님"입니다. 그리하여 주님이 영원히 끝날 것 같지 않은 고난 중에서도 우리와 함께하고 있다는 사실을 믿는 것입니다.

이 사실을 믿을 때에야 우리는 희망을 볼 수 있습니다. 믿음을 가진다는 것은 두려움에도 불구하고 앞으로 나아가는 것입니다. 이것이 하나님께서 우리에게 원하시는 참모습이며 진정한 용기입니다.

21
빛은 상처 난 그곳으로 들어온다

스무 살 즈음엔 누구나 불안한 마음으로 잠자리에 들고, 내일은 뭘 할지 고민을 합니다. 그것이 영원하지 않다는 것을 그때 잘 모르기에 다른 사람들의 인생은 꿈꾸는 대로 풀리는 것 같지만 자신의 인생은 뜻대로 되지 않아 답답할 때가 있습니다. 내 몸의 에너지가 순환되지 않고 정체된 것 같을 때, 우리는 그것을 청춘의 한때라고 명합니다.

캐나다 시인 레너드 코헨은 '송가(Anthem)'에서 상처 난 가슴의 모든 조각들을 향해 세상에 완벽한 것은 없고, 어디든 틈이 있기 마련이며, 빛은 그곳으로 들어온다고 했습니다.

"…소리 낼 수 있는 종들은 모두 소리 나게 하라/ 완벽한 것은 없다/ 어디에든 틈은 있기 마련/ 빛은 그곳으로 들어온다."

아팠던 그 일을 통해 볼 수 없었던 세상을 보게 되고, 그 상처가 세월이 지나면 무늬가 된다는 것입니다. 종에 금이 가지 않았다면 결코 낼 수 없는 아름다운 화음이 있다는 것입니다.

취업의 목표는 있지만 자신의 심장을 뛰게 하는 비전이 무엇인지 찾지 못할 때가 있습니다. 미래를 생각하면 앞날이 캄캄해 깊은 무기력함과 우울함에 빠지기도 합니다. 우리 사회가 '욕망하지 않는 세대'로 규정한 일명 '달관세대'와 연애, 결혼, 출산을 포기한 '삼포세대'로 불려도 청춘은 결코 포기할 수 없는 것이 있습니다. 그것은 '희망하기'입니다.

얼마 전 '공시생'(공무원시험준비생) 딸을 둔 친구를 만났습니다. 친구는 딸에게 레고 조립과 퍼즐 맞추기를 즐겨 하는 이유를 듣고 아무 말도 할 수 없다고 했습니다.

"뭐 하나 뜻대로 되지 않지만 레고 조립이나 퍼즐 맞추기는 내가 원하는 대로 만들 수 있잖아요."

성인이 된 자녀에게 부모들이 해 줄 수 있는 것은 그리 많지 않습니다. 사랑은 줄 수 있으나 생각까지 줄 순 없습니다. 육신의 집은 줄 수 있으나 영혼의 집마저 줄 순 없습니다.

그러나 "그랬구나. 많이 힘들지", "꼭 내가 생각하는 네가 되지 않아도 된다"라는 말은 해 줄 수 있습니다. 지금 이대로의 모습도 충분히 사랑스럽다는 것을 받아들이는 순간, 우리를 괴롭혀 온 그 오랜 불안과 열등감이 서서히 자취를 감출 것입니다.

또 하나님의 눈으로 세상을 바라보자고 말해 줄 수는 있습니다. 인생이 가치 있는지, 없는지를 어떻게 알 수 있을까요. 인간의 눈으로는 볼 수 없습니다. 각자의 인생을 하나님의 눈으로 봐야 볼 수 있습니다. 사랑과 연민이 가득한 따뜻하고 너그러운 절대자의 눈으로 가족과 친구들을 대할 수 있다면, 무엇보다 우리 자신을 사랑과 연민이 가득한 따뜻하고 너그러운 절대자의 눈길로 바라볼 수 있으면 좋겠습니다.

혹시 꿈꾸는 방법을 잃어버린 것은 아닌지요. 이는 해도 안 될 거라는 부정적인 생각 때문입니다. 실패할까 봐, 상처 받을까 봐 아예 시도조차 하지 않는 것은 '우리가 말하는 대로 될 수 있다'는 것을 믿지 않기 때문입니다. 하나님의 선하심을 믿는 것이 '희망하기'의 시작입니다.

하나님께서 우리를 결과적으로 형통케 하신다는 것을 믿는 것이 출발점입니다. 실패의 경험이 많았어도 꿈꾸기를 두려워하지 마십시오. 설사 실수를 반복한다 해도 나선형으로 반복하기에 조금씩 수정 보완하며 성장할 수 있습니다.

한번 생각해 보십시오. 주변의 수많은 이야기를 듣지만 정작 내 마음속 작은 목소리에 귀 기울여 보았는지. 지금 바로 내 마음속에서 말하는 대로 될 수 있다고 믿어 보십시오. 우린 꿈을 꾸어야 합니다. 일단 꿈을 품으면 꿈이 꺼지지 않는 열정을 불러일으키고, 꿈이 필요한 힘도 공급할 것입니다.

그러나 꿈꾸는 사람들에게 반드시 찾아오는 손님이 있습니다. 고난입니다. 꿈을 꾸기 시작하면 신기하게도 고난이 그치지 않습니다. 그러나 더 신기한 것은 파도처럼 밀려오는 고난이 결코 꿈을 멈추게 하지 못한다는 것입니다. 머리가 좋아서 꿈을 이루는 것이 아닙니다. 마음의 생각과 꿈, 믿음의 말이 운명을 좌우합니다. 꿈을 안고 있으면 반드시 이루어집니다.

22

피투성이라도 살아 있으라

~~~~~~~~~~~~~~~~~~~~~~~~~

여러 나라 해안에서 고래나 물개 등의 해양 동물이 갑작스레 해안으로 올라와 죽는 스트랜딩(stranding·좌초) 현상에 대한 뉴스를 종종 접합니다. 몇 년 전에도 호주 해안에 270여 마리의 고래가 좌초돼 최소 90마리가 죽었습니다. 이런 현상을 두고 전문가들의 해석은 분분합니다. 먹이를 쫓거나 적한테 쫓기다 해류에 밀려온 것이라는 주장, 바다 오염이나 먹이 고갈 등 생태계 환경 변화 때문이라는 분석, 선박이나 잠수함에서 나오는 소음과 초음파가 방향 감각을 잃게 한다는 추정까지 다양합니다.

이 가운데 개인적으로 가장 설득력 있게 들리는 것은 특수한 저주파로 서로에게 연락하는 고래가 바다를 뒤덮은 온갖 배들의 엔진 소리 때문에 친구, 가족들과 교신이 단절됐다는 부분입니다. 무리와의 교신이 단절돼 고독해진 그들은 삶의 의욕마저 잃고 해안가로 밀려와 스스로 죽음을 선택한다는 것입니다. 이런 현상이 인류에게 주는 메시지는 무엇일까요. 모든 관계가 단절되고 사람과 사람 사이에서 따뜻한 정을 느끼지 못하면, 사람들도 거대한 바다의 고래처럼 해안선 밖으로 헤엄쳐 나오게 될지도 모른다는 신호가 아닐까요.

경제 위기가 반복될 때마다 우리 사회에 타전되는 시그널들이 있었습니다. 2014년 송파 세 모녀 사건, 2019년 탈북 모자 사건, 2020년 방배동 모자 사건, 그리고 2022년 실종됐다가 바닷속 차 안에서 숨진 상태로 발견된 '조유나양 가족 사건' 등. 상황은 다르지만 비통한 사건이 끊이지 않고 일어나고 있습니다. 여기엔 공통점이 있습니다. 이들은 복지 대상이었지만 교회나 지역사회에서 도움을 받지 못했고, 아무도 비극을 미리 알아차리지 못했습니다. 또 철저하게 고립된 생활을 이어가 구조의 손길이 닿지 않았습니다. 무엇보다 가장 가슴 아픈 대목은 고민을 털어놓을 대상이 한 명도 없었다는 점입니다. 사회적 외톨이였습니다. 누군가 한 사람에게라도 아픔을 토로할 수 있었다면, "너는 가치가 있으며 너를 아끼고 사랑한다"고 말해 주는 단 한 명이라도 있었다면 결과는 달랐을 것입니다.

온갖 역경 속에서도 결코 좌절하지 않고 꿋꿋하게 성장한 사람들의 공통점은 인생에 누군가 한 사람이 존재했다는 것입니다. 심각한 정신적 충격을 받았을 땐 외부 도움 없이 스스로 극복하기는 너무나 어렵습니다. 고난을 겪는 사람에게 누군가 한 사람이 필요합니다. 드라마 '나의 아저씨'에서 동훈(이선균)이 사채 독촉과 온갖 협박에 시달리며 병든 할머니를 부양하는 소녀 가장 지안(이지은)에게 바로 그런 사람이었습니다. 삶이 지옥이었던 지안이 세상 밖으로 나와 새 삶을 살게 된 것은 누군가 한 사람이 있었기에 가능한 일이었습니다.

물론 현실은 다를 수 있습니다. 주위에 도와줄 사람이 한 명도 없을 수 있습니다. 지독한 고독이 몰려올지도 모릅니다. 그래도 버티고 살아야 합니다. 벼랑 끝에 서 있는 것 같아도, 사는 곳이 지옥 같아도, 세상에 내 편이 한 명도 없는 것 같아도 살아 있어야 합니다. 자신이 치매에 걸려 가족을 힘들게 하는 존재가 돼도, 가상화폐와 주식 폭락으로 가진 것을 다 잃어도, 질병으로 육체적 고통 속에 있어도 나를 지켜야 합니다.

우리의 삶 속에는 내가 생명을 포기하지 않도록 돌보는 하나님의 애틋한 손길이 있습니다. 우리가 의식했든, 의식하지 못했든 하나님은 우리가 힘들 때 "피투성이라도 살아 있으라"고 말씀하십니다. 에스겔 선지자는 바벨론 시대에 태어나자마자 피투성이인 채로 버려지는 아기들을 이스라엘 백성에 비유하며 하나님의 말씀을 이렇게 대언했습니다.

"내가 네 곁으로 지나갈 때에 네가 피투성이가 되어 발짓하는 것을 보고 네게 이르기를 너는 피투성이라도 살아 있으라 다시 이르기를 너는 피투성이라도 살아 있으라."(겔 16:6)

하나님이 이 시대에 주는 시그널은 '살아 있으라'는 것입니다.

사랑과 자비와 연민이 있는 곳이 바로 하나님이 계시는 천국입니다. 온 인류가 서로 사랑해야 함은 그곳에 하나님이 사시기 때문입니다. 18세기 영국 시인 윌리엄 블레이크의 시로 위로를 전하고 싶습니다.

"당신이 한숨 쉬는데, 당신을 만든 분이 곁에 없으리라 생각하지 마세요. 당신이 눈물을 흘리는데, 당신을 만든 분이 가까이 없다고 생각하지 마세요/ 오! 그분이 우리에게 자신의 기쁨을 주시어 우리의 슬픔을 파괴하시나니. 우리의 슬픔이 달아나 사라질 때까지 그분이 우리 곁에 앉아 슬퍼하시나니."('타인의 슬픔에 대하여' 중)

23

중력과 은총

우주엔 서로를 붙잡아 주는 '중력'이 존재합니다. 중력은 인간, 동식물 모두에게 적용되며 지구와 우주에 적용되는 보편적인 힘입니다. 우리는 눈에 보이지 않는 중력의 힘에서 벗어나서 살 수 없습니다. 그러나 잡아당기는 중력의 힘 속에서도 예외는 있습니다. 그것은 작은 씨앗이 햇빛을 받아 싹을 틔우고 광합성을 하며 하늘 높이 자라 열매를 맺는 생명력입니다. 이는 중력의 힘보다 큽니다.

프랑스 사상가 시몬느 베이유는 저서 '중력과 은총'에서 구속에서 벗어나려는 영혼의 움직임을 은총이라고 표현했습니다. 현실적인 구속력을 가지고 있는 중력에도 예외적인 은총의 힘이 작용하면 고난 속에서 하늘을 볼 수 있다는 의미입니다. '중력과 은총'은 유대인 출신의 시몬느 베이유가 나치 치하에서 시달리며 고통

받던 1940년에서 1942년 사이 주로 써 내려간 단상들입니다. 극한 상황에서 흔들리지 않는 신념과 인간에 대한 이해가 신비로운 신앙 체험과 통합돼 있습니다.

시몬느 베이유는 세상 모든 것이 중력이라는 필연성의 영향 아래 놓여 있으며, 초자연의 빛인 은총을 통해서만 구원받을 수 있다고 말합니다. 여기서 '은총'이란 초자연의 빛입니다. 중력에서 벗어날 유일한 가능성은 중력 법칙으로 추락하는 존재에게 은총의 빛이 깃드는 것입니다.

중력을 역사적 사건이나 개인적인 고난 등 우리 힘으로 벗어날 수 없는 비극적인 힘에 비유할 수 있습니다. 예를 들어 5·18 광주민주화운동 당시 현장 취재를 통해 광주의 참상을 해외에 알린 독일인 외신기자 위르겐 힌츠페터와 광주시민들은 비극적인 중력(역사적 사건)에 저항해 은총의 빛이 깃들게 했습니다.

은총의 빛이 우리 삶에 깃들게 하려면 어떻게 해야 하는 걸까요. 인간 내부엔 눈에 보이지 않는 원죄(原罪)가 있습니다. 원죄 역시 우리 스스로 벗어날 수 없는 중력과 같은 것입니다. 미우라 아야코는 소설 '빙점'에서 인간은 누구나 죄인이지만 자신의 죄를 진심으로 깨닫고 회개하면 구원을 얻을 수 있으며, 최후까지 희망을 버리지 않는다면 어떤 고난도 이길 수 있다는 메시지를 담았습니다.

소설 속 주인공 요코는 유괴 살인범의 딸이란 '주홍글씨'를 안고 살아야 하는 원죄의식에 괴로워합니다. 하지만 요코의 잘못이 아닌 대물림, 원죄입니다. 요코가 살인범의 딸이 아니란 게 밝혀지면서 소설은 인간 마음을 얼어붙게 만드는 '중력의 힘'도 회개, 희망, 용서란 은총의 힘을 입으면 치유되고 회복된다는 희망을 보여줍니다. 시몬느 베이유가 말한 구속에서 벗어나려는 영혼의 움직임, 은총의 힘입니다.

우리는 정치 경제 문명이란 중력 속에 살고 있습니다. 이 속에 하나님의 은총이라는 빛이 존재합니다. 은총은 햇빛과 같습니다. 하나님의 은총은 햇빛처럼 선한 사람에게도 악한 사람에게도, 옥토나 자갈밭에도 똑같이 비칩니다. 하지만 옥토는 알찬 열매를 맺게 되고, 자갈밭은 결실을 내지 못합니다. 우리가 먼저 그리스도와 한 몸이 된 포도나무가 되고, 마음 밭을 옥토로 일궈야 합니다.

우리는 피할 수 없는 중력에 힘겨울 때, 미래가 전혀 보이지 않을 때 은총을 간구해야 합니다. 세상을 지배하는 것은 중력이지만 하나님의 은총은 햇빛처럼 우리에게 생명을 부어 주십니다.

무더운 여름이 지나면 가을과 겨울이 오는 자연의 법칙처럼 우리 삶엔 운명이라고 여겨지는 일들이 수없이 생길 것입니다. 이때 세상에 존재하는 두 가지 힘, 중력과 은총을 기억하십시오. 중력을 거스르며 말없이 벽을 오르는 담쟁이와 햇빛을 받아 하늘 높이 자라는 나무들처럼 중력에서도 예외적인 은총의 힘이 작용하면 우리는 고난 속에서 하늘을 볼 수 있을 것입니다. 걱정과 근심이 나를 아무리 강하게 잡아당겨도 최후까지 희망을 버리지 않는다면 은총을 만날 수 있습니다.

다만 고난을 당할 때마다 우리가 생각해야 할 것은 영원히 끝날 것 같지 않은 고난 중에서도 하나님이 함께하신다는 사실을 믿는 것입니다. 그 희망이 은총이 되는 순간이 올 것입니다.

24
우린, 그렇게 아버지가 된다

~~~~~~~~~~~~~~~~~~~~~~~~~~~

사랑하는 남녀가 한 가정을 이루고, 자녀가 태어나면서 부모란 이름을 얻게 됩니다. 처음엔 누구나 미숙합니다. '갓난아기'가 있듯 아기가 태어날 때 남녀는 '갓난엄마', '갓난아빠'로 다시 태어납니다. 갓난아기는 부모의 도움 없이 아무것도 할 수 없는 연약한 존재입니다. 갓난부모 역시 미흡한 점이 많고 연약한 존재입니다. 다만 자녀와 함께 고군분투하면서 부모라는 이름에 한 발씩 다가갑니다. 진짜 어른으로 성장합니다.

    부모가 되기까지는 절대 시간이 필요합니다. 혈연보다 자녀와 함께한 시간이 부모를 만들어 준다는 것을 잘 담아낸 영화가 있습니다. 2013년 개봉한 고레에다 히로카즈 감독의 '그렇게 아버지가 된다'입니다.

약간 어리숙하지만 착한 아들 게이타, 그리고 사랑스러운 아내 미도리와 함께 나름대로 만족스러운 삶을 누리고 있는 성공한 건축가 료타는 어느 날 병원으로부터 한 통의 전화를 받습니다. 6년간 키운 아들이 자신의 친자가 아니고 병원에서 바뀐 아이라는 것. 료타는 자신이 살아온 삶의 환경과 방식이 너무나도 다른 친자 류세이의 가족들을 만납니다.

료타는 핏줄이니 어떻게든 금방 서로 닮겠지라는 안일한 생각으로 지금까지 키운 아들 게이타를 보내고, 친자 류세이를 데려옵니다. 기른 정보다 혈육을 선택했지만, 낙관적인 예상은 빗나갑니다. 아이들은 키워준 부모를 그리워했고, 부모 역시 기른 아이를 그리워합니다. 가족이란 핏줄만으로 이루어지는 게 아니라 함께 보낸 시간과 정으로 이루어진다는 것을 깨닫게 됩니다.

영화는 주인공 료타가 진정한 아버지가 되면서 진정한 어른이 돼 가는 과정을 담았습니다. 아버지도 실수의 반복을 통해 아버지스러움으로 성장합니다. 그러기 위해서는 자녀와 함께 보낸 시간이 있어야 합니다. 고레에다 감독이 '그렇게 아버지가 된다'를 제작하게 된 이유도 자신의 딸이 "다음에 또 놀러 오세요"라고 인사한 것에 충격과 영감을 받았기 때문이었습니다.

창조주는 부모에게 자녀의 마음 그릇을 구워 내는 특허를 주셨습니다. 한 사람이 태어난 후 20~30년 동안 살아가는 가정은 사람의 '마음 그릇'을 구워 내는 가마와 같은 곳입니다. 자녀의 마음 그

릇은 부모에 의해 단단해지거나 커질 수도 있고, 금이 가거나 깨질 수도 있습니다. 마음 그릇이란 바로 '나는 누구이며 앞으로 어떤 일을 해야 하는 존재인가'에 대한 스스로의 평가인 자아 정체감과 동일 선상에 있습니다. 한 사람의 긍정적인 자아 정체감을 형성시키는 일이 바로 마음 그릇을 잘 구워 내는 것입니다.

부모의 관심과 사랑이란 자양분을 받지 못하고 과잉보호와 억압 속에 성장한 자녀들은 자신을 사랑하는 법, 남을 사랑하는 법, 남과 더불어 살아가는 법, 행복하게 살아가는 법, 바르게 살아가는 법을 터득하기 어렵습니다. 우린 자녀와 함께 보낸 시간만큼 부모란 이름에 다가가게 됩니다.

소설가 박완서는 부모는 아이들이 더우면 걷어차고, 필요할 땐 언제고 끌어당겨 덮을 수 있는 이불 같은 존재라고 말했습니다. 이불은 아침이면 개어놓고 나가지만 지치면 돌아와 덮고 쉴 수 있습니다. 이불은 욕심이 없습니다. 속상한 일이 있을 때 이불 속에서 울음을 터뜨리면 감싸줄 뿐입니다. 박완서는 2008년 한 매체에 기고한 글을 통해 이렇게 말했습니다.

"이 나이에, 머지않아 증손자 볼 나이에도 지치거나 상처받아 잠 못 이루는 밤이면 이불 속에서 몸을 태아처럼 작고 불쌍하게 오그리고 엄마, 엄마 나 좀 어떻게 해 달라고 서럽고도 서럽게 엄마를 찾아 훌쩍인다면 누가 믿을까…."

아무리 나이가 들어도 부모는 그리운 존재입니다. 부모는 자녀들에게 구멍이 숭숭 나서 믿기 어려운 이불이 아닌 포근하고 가벼운 솜이불이어야 합니다.

우린 저마다 부모의 모습을 마음에 담고 있습니다. 가장 먼저 떠오르는 모습이 있을 것입니다. 이청준의 소설 '눈길'에서 서울로 떠나는 아들을 배웅한 후 아들이 눈길에 남긴 발자국을 보며 눈물로 아들의 안위를 위해 기도하는 어머니, 김현승의 시 '아버지의 마음'에서처럼 어린 것들을 위해 난로에 불을 피우고 그네에 작은 못을 박는 아버지의 모습을 떠올릴 수도 있겠습니다.

항상 옆에서 나를 지켜줄 것 같은 부모님이 어깨가 좁아지고 힘없는 존재가 됐을 때, 우리는 우리의 어깨를 내어드릴 수 있을까요. 그리고 부모님이 나와 가족에 대한 기억을 조금씩 잃어가실 때, 우리는 여전히 부모님을 사랑할 수 있을까요.

25
더 이상 성장할 수 없었습니다

~~~~~~~~~~~~~~~~

두 남녀의 현실은 "결혼식을 올리고 그 후로 오래오래 행복하게 살았습니다"라고 끝나는 동화와는 달랐습니다. 2021년 '세기의 이혼'으로 불리는 빌 게이츠와 멀린다 게이츠의 파경 소식은 그들을 롤 모델로 삼은 많은 이들을 적잖이 실망하게 했습니다. 부부의 이름을 딴 재단을 만들어 세계 빈곤 퇴치에 공헌하면서 세계적인 모범 부부로 불렸기에 더욱 그랬습니다. 무엇이 결혼 생활 27년의 종지부를 찍게 했을까요.

이혼 원인에 관한 이야기들이 여러 매체에서 쏟아지고 있지만, 모든 것을 떠나 이들이 공동성명에서 밝힌 "더 이상 부부로서 함께 성장할 수 없다"란 문장에 밑줄을 그어 봅니다. 말하기 껄끄러운 여러 가지 문제를 포장한 한 줄이지만 '부부 사랑의 본질'

에 대해 생각하게 만듭니다.

사람들은 가정을 베이스캠프에 비유하곤 합니다. 등산하는 사람에게는 반드시 좋은 베이스캠프가 필요합니다. 그곳에 머물며 양식을 공급받고 다시 다른 정상을 찾아 나섭니다. 등산에 성공하는 사람들은 적어도 실제로 산에 오르는 시간만큼 베이스캠프에서 준비하는 시간을 보냅니다. 그들의 생존은 견고하고 잘 정비된 베이스캠프에 달려 있기 때문입니다.

미국의 정신과 의사이자 작가인 스콧 펙은 저서 '아직도 가야 할 길'에서 가정을 이루는 데 남녀 모두 전형적인 문제를 갖고 있다고 말합니다. 남성의 문제는 모든 에너지를 산에 올라가는 데 쓰고 베이스캠프인 가정은 돌보지 않는다는 것입니다. 휴식과 기분 전환을 위해 돌아왔을 때 가정이 완벽한 상태로 있기를 바라지만, 돌보지 않아 황폐해진 베이스캠프뿐이란 것입니다. 반면 여성은 베이스캠프를 산 정상 그 자체로 봅니다. 남편의 성취욕이나 갈망, 가정생활 밖의 경험 등을 공감하지 못합니다. 스콧 펙은 이런 남녀의 갈등이 부부 사이를 숨 막히게 하고 어리석은 관계로 만든다고 말했습니다.

행복한 가정은 개인의 삶에 가장 많은 영향을 줍니다. 개인의 자존감을 높여주고, 자존감이 높은 사람은 학문적 수행이 더 우수하고 심리적으로 잘 적응하며, 실패와 죽음에 대한 두려움이 적습니다. 따라서 행복한 부부가 갖는 경쟁력은 말할 수 없이 큽니다. 부부를 행복하게 만드는 것은 돈, 성공, 건강, 아름다움, 지능, 권력 등의 주관적인 행복과는 별로 관계가 없는 듯합니다. 부부 사이에 어느 쪽은 옳고 어느 쪽은 그른 것이 아니고 단지 서로 다를 뿐이라는 말은 이제 누구나 알고 있는 상식입니다. 둘이 하나가 되려고 노력하지 말고, 각자가 돼 우리가 돼야 합니다. 부부의 연합은 서로 분리된 개체라는 것을 깨달을 때 더 풍요로워집니다.

진정한 사랑은 항상 상대를 나와 다른 정체성을 가진 사람으로 인정하는 것입니다. 사랑하는 사람의 개별성을 존중하지 못할 때 불필요한 갈등을 겪기도 합니다. 시인이자 철학자인 칼릴 지브란은 현악기의 줄들이 같은 음악을 울려도 서로 떨어져 있듯이, 부부 역시 서로의 세계를 침범하지 말라고 충고합니다. 또 떡갈나무와 사이프러스 나무가 서로의 그늘 속에서 자랄 수 없듯, 부부는 너무 가까이 서지 말라고 당부합니다.

"당신 부부 사이에 빈 공간을 만들어서/ 그대들 사이에서 하늘의 바람이 춤추게 하라/ 서로 사랑하라! 그러나 서로 구속하지는 마라… 각자의 빵을 주어라. 그러나 같은 덩어리의 빵은 먹지 마라… 현악기의 줄들이 같은 음악을 울릴지라도 서로 떨어져 홀로 있듯이/ 마음을 주어라 그러나 상대방의 세계는 침범해 들어가지 마라… 함께 서라. 그러나 너무 가까이 붙어 서지는 마라./ 사원의 기둥들은 떨어져 있어야 하며/ 떡갈나무와 사

이프러스 나무는/ 서로의 그늘 속에서는 자랄 수 없기 때문이다."(칼릴 지브란의 시 '결혼에 대하여' 중)

흔히 그렇듯 외로움에 겁먹어 서로 하나가 되는 결혼을 추구한다면 훌륭한 결혼 생활을 끌어내기 어렵습니다. 진정한 사랑은 서로의 개별성을 존중할 뿐만 아니라 서로 상실의 위험에 직면하면서까지 독립성을 길러 주려고 애씁니다.

가정은 부부가 인생의 정상을 향해 걸어가는 데 힘이 되기 위해 존재합니다. 남성과 여성 둘 다 가정을 돌봐야 하고, 둘 다 각자의 생에 도전해 나가야 합니다. 진정한 사랑의 본질은 함께 성장하는 것이기 때문입니다. 그 사랑으로 영적인 성장도 이뤄야 합니다. 산 정상에 오르는 고독한 여행은 혼자 해야 하는 일이며, 인생의 궁극적인 목적은 개인의 영적 성장입니다. 그래서 "더 이상 함께 성장할 수 없다"는 말은 안타까운 고백입니다.

26
장래 희망은 '소년 할매'입니다

'진짜 멋진 할머니가 되어 버렸지 뭐야', '구십도 괜찮아', '이상하고 자유로운 할머니가 되고 싶어', '장래 희망은 귀여운 할머니'…. 요즘 서점가에 쏟아지는 할머니를 주제로 한 책들입니다. 가난 때문에 혹은 여자라는 이유로 글을 배우지 못했던 할머니들이 글을 배우는 이야기부터 여행 가방에 관절약, 소염제, 찜질팩을 넣고 해외 자유 여행을 떠나는 70대 할머니에 이르기까지 만년(晩年)의 시간을 당당하게 보내는 이들의 이야기입니다.

젊은 여성들 사이에 '귀엽고 멋진 할머니'가 롤 모델로 주목받고 있습니다. 귀엽고 멋진 할머니는 노인이란 이유로 고리타분하지 않고 무기력하지도 않습니다. 또 불편한 육신을 자연스레 받아들이지만 그래도 세상에 무슨 일이 일어나는지 매일 궁금합니다. 주체적인 노년의 삶을 살아 내고 있는 이들은 불안한 노년기를 걱정하는 젊은 여성들에게 용기와 희망을 줍니다.

그러나 귀엽고 멋진 할머니를 동경하는 젊은 층의 심리 기저에는 아직 가 보지 않은 시간에 대한 막연한 두려움이 있습니다. 여성들은 태어난 후 소녀에서 숙녀로, 그리고 어머니에서 할머니로 성장하는 생애주기를 거칩니다. 2021년 통계청에 의하면 여성의 평균 수명은 86.6세, 남성은 80.6세입니다. 여성이 남성보다 수명이 길어 노년기에 혼자 사는 여성이 남성보다 훨씬 많습니다. 이때 경제적인 여유가 있어야 지팡이 대신 캐리어를 끌고 해외여행도 갈 수 있습니다. 여성 노년의 삶은 녹록지 않습니다. 여성 노인의 빈곤은 무능력에서 나오는 것이 아니라 노년기 이전의 성차별적인 노동시장과 생애주기에 따른 여성의 삶과 관련이 있습니다.

"과연 우리는 무사히 귀엽고 멋진 할머니가 될 수 있을까?"란 질문을 해 봅니다. 어쩌면 귀엽고 멋진 할머니는 선택받은 사람들의 몫이 될 수도 있습니다. 얼마 전 50대 초반의 동생이 대뜸 "언니 이제 난 '소년 할매'가 장래 희망"이라고 말했습니다. 지난 2년 동안 우리는 여든여섯 살의 친정엄마를 돌보며 인생을 다시 배우고 있습니다. 어떻게 나이 들어가는 것이 아름다우며, 건강 관리는 어떻게 해야 하는지에 대해 공부하며 이는 젊을수록 미리 준비해야 한다고 생각했습니다.

귀엽고 멋진 할머니보다 씩씩하고 역경에 굴하지 않는 소년 할

매로 살아야겠다는 생각을 했습니다. 소년 할매에 대한 정의를 이렇게 내려 봅니다. 소년 할매는 골목대장같이 씩씩한 성격이지만 꽃처럼 향기롭게 살고 싶은 섬세한 감성을 지닌 사람입니다. 소년 할매는 젊은이들을 가르치려 하지 않고, 경청하며 배움을 멈추지 않는 사람입니다. 또 누군가의 성공을 시기 질투하지 않고 마음 깊이 기뻐해 주며, 내가 최고라 생각하지 않고 남을 인정해 주는 마음의 여백이 있는 사람입니다.

일본의 기독 작가 소노 아야코는 '나는 이렇게 나이 들고 싶다'(리수)에서 노년기에 필요한 네 가지를 허용, 납득, 단념, 회귀라고 말했습니다. 그가 말하는 '허용'이란 세상에 일어날 수 있는 모든 선과 악엔 어떤 의미가 있다고 생각하는 것입니다. '납득'은 자신에게 일어난 여러 가지 상황에 정성을 다해 의미를 부여하는 것입니다. 종교적으로 말하면 하나님의 뜻을 삶 전체에서 보려는 노력입니다. 또 '단념'은 갈망했으나 이루지 못했던 것에 집착하지 않고 슬그머니 물러날 수 있는 것을 말하고, '회귀'란 죽음 이후 어디로 돌아갈 것인가 생각하는 것입니다.

이 네 가지를 곱씹으며 노년기에는 신체와 두뇌의 기능을 유지하는 것만으로는 부족하며, 정신적이고 영적인 요구에 제대로 응답할 수 있어야 한다는 생각을 했습니다. 그러지 않으면 영혼은 쇠퇴하고 암울한 마무리를 할 수 있기 때문입니다. 특히 육체적 질병의 고통이 있으면 기도하기도 힘들어지므로 나이가 들수록 기도 시간을 늘려야 합니다.

'하나님을 영화롭게 하는' 삶은 성공이나 성취가 아닙니다. 대학 입학 수석이나 미인대회 수상이 아닙니다. 스포츠 경기의 승리나 대기업 취업이 아닙니다. 삼위일체 하나님을 믿고 순종하는 삶을 말합니다. 명예로운 훈장을 받지 못해도 순종하며 말씀대로 살았다면 "나는 선한 싸움을 싸우고 나의 달려갈 길을 마치고 믿음을 지켰으니 이제 후로는 나를 위하여 의의 면류관이 예비되었으므로 주 곧 의로우신 재판장이 그날에 내게 주실 것이니 내게만 아니라 주의 나타나심을 사모하는 모든 자에게니라"(딤후 4:7~8)는 바울의 고백을 할 수 있을 것입니다.

27

여든이 되기 전에

───〜〜〜〜〜〜〜───

　사람들은 누구나 후회하면서 살아갑니다. 죽기 전에 가장 후회하는 것 역시 후회와 염려로 시간을 보낸 것이라고 합니다. 그러나 분명한 것은 이 순간이 내 인생의 가장 젊고 아름다운 시간이며, 이 순간이 지난 후에도 삶은 여전히 계속된다는 것입니다.

　한국인들의 생애 지도가 변하고 있습니다. 한국인의 평균 수명은 1960년대 52세였으나 지금은 80세가 넘었습니다. 100세 장수 시대를 사는 지금 중요한 것은 '얼마나 오래 사느냐'가 아니라 '얼마나 행복하게 사느냐'입니다. 나이 듦에 대한 철학이 필요합니다. 현실적으로 우리나라 사람들은 젊었을 때 더 절약하고 더 저축하지 않은 것과 건강을 위해 노력하지 않은 것을 후회합니다. 그러나 노후 대책이란 물질적인 것에 국한되지 않습니다.

30년간 인간학을 연구해 온 미국 코넬대 칼 필레머 교수에 따르면 후회하지 않는 인생을 살려면 경제적 보상이 아닌 심적 보상을 주는 직업을 선택해야 하며, 배우자를 선택하는 데 충분한 시간을 가져야 합니다. 또 흡연, 나쁜 식습관, 운동 부족 등은 만성 질병을 짊어지게 한다는 것을 유념하고 100년을 살 것처럼 자신의 몸을 관리해야 합니다. 아울러 시간의 유한성을 느끼며 살아야 하며, 다른 것을 포기하는 일이 있어도 여행을 많이 다니고, 소소한 일상에서 행복을 느낄 수 있어야 합니다. 이는 칼 필레머 교수가 70세 이상의 노인 1000명을 인터뷰해 알게 된 삶의 지혜입니다. 일, 가정, 건강, 여행, 시간을 대하는 태도 등이 인간 행복에 영향을 미친다는 것을 알 수 있습니다.

　사실 '나이 듦'이란 연속적인 상실의 통과의례입니다. 얼마 전까지 거뜬히 즐길 수 있었던 운동들이 갑자기 힘들어질 수도 있고, 혼자 힘으로 요리하는 일이 버거울 수도 있습니다. 또 배우자가 곁에 없을 수도 있고, 손가락의 움직임이 둔해져 옷의 단추를 끼우는 데 시간이 꽤 걸릴 수도 있습니다. 그리고 특별한 사건 없는 하루하루가 무료하게 느껴지고 친구들이 하나둘 줄어들기도 합니다. 이런 일들을 담담하게 받아들이려면 먼저 고독에 강해져야 합니다. 인생은 덧셈이 아니라 **뺄셈**이란 것을 인식하고 하나둘 내려놓고 혼자 즐길 수 있는 일을 만들어야 합니다.

　또 불필요한 염려는 하지 않는 편이 지혜롭습니다. 내면에 쌓인 불필요한 근심 걱정 염려를 비워 내면 평안을 누릴 수 있습니다. 부정적인 감정을 처리하느라 하나님을 섬기는 데 소홀하지 않았는지 돌아보십시오. 삶이 단순하면 영적인 생활에 더 집중할 수 있습니다.

부부 관계를 개선해야 합니다. 노후에 홀로된 대부분의 어르신은 배우자가 살아 있을 때 좀 더 잘해 주지 못한 걸 후회합니다. 행복한 부부의 경쟁력은 말할 수 없이 큽니다. 화목한 부부는 정서적 안정감과 심리적 행복감을 누리기 때문에 건강하고 장수합니다. '최고의 재테크는 부부 관계 개선'이란 말이 있습니다. 두 사람만 남겨지는 시간에 대비해 부부 관계를 점검해야 합니다.

평생 배움을 멈추지 말아야 합니다. 80대 이상의 노인들도 컴퓨터를 배우고 새로운 도전에 나서고 있습니다. 배우려는 열정이 있다면 인생 2모작, 3모작도 가능합니다. 평생 할 취미를 만들어야 합니다. 등산, 산책, 독서, 노래 부르기, 악기 연주, 원예 등과 같이 큰돈이 필요 없는 것들도 많습니다.

평소 기록하는 습관을 만들어야 합니다. 은퇴 후 인생이 허무하고 덧없이 느껴질 때도 있습니다. 그럴 때 평생 자신이 걸어온 발자취를 돌아보고 정리하는 것이 필요합니다. 그러기 위해서 젊어서부터 기록을 남기는 습관이 요구됩니다. 소설가 최인호씨가 생전에 한 교회 특강에서 성도들에게 '자신만의 복음서'를 쓰자고 했습니다. 마태가 마태복음을, 요한이 요한복음을 쓴 것처럼 우리 자신의 복음서를 쓰자는 것입니다. 우리가 만난 예수님에 관한 이야기는 어쩌면 복음서 못지않은 기록이 될 수 있습니다.

심리학자들은 노년기의 발달과업으로 타인과의 화해를 중요한 요소로 꼽습니다. 마음이 아팠던 일들, 자신에게 상처를 준 사람들과 화해를 청하라고 권면합니다. 살아오면서 마음속에 쌓인 부정적인 감정들과 화해하고 용서해야 통합적 발전을 이룰 수 있다는 것입니다. 이는 하나님과의 관계 회복을 통해 이루어질 수 있습니다. 지금까지 외면했던 것들에 대해 악수를 청한다면 삶은 평안과 성장을 선물해 줄 것입니다.

28

행복의 타이밍을 놓치지 않으려면

~~~~~~~~~~~~~~~~~~~~~

누구나 아련해지는 시간의 기억들이 있습니다. 수건을 몸에 두른 채 펭귄처럼 걷는 두 돌 지난 딸 아이의 옛날 사진을 보면 떠오르는 기억처럼 말입니다. 옛 사진을 보면 한때 젊었고, 하고 싶었던 것이 많았던 나를 상상하기 때문에 행복해집니다. 이런 것이 나뿐이 아닐 것입니다. 누구나 영원하길 바라는 순간이 있을 것입니다. 딱 한 번이라도 낡은 비디오테이프를 되감듯 그때의 시간으로 돌아가고 싶은 순간 말입니다.

2022년 작고한 이어령 교수가 '딸에게 보내는 굿나잇 키스'(2015)에서 자신에게 하나님이 그런 기적을 베풀어 주신다면 서재 문을 열고 들어오는 어린 딸에게 두 팔을 활짝 펴고 굿나잇 키스를 하겠다고 말했던 것이 기억납니다. 딸(이민아 목사)의 3주기를 맞아 쓴 책이었고, 이제 그 역시 이 땅에 존재하지 않습니다. 하루 20초의 시간만이라도 매일 저녁 굿나잇 키스를 하듯 누군가의 영혼을 바라볼 수 있다면 많은 시간이 흐른 후에 삶의 아쉬움은 덜할 것 같습니다. 지금 이 순간도 과거가 되고 있습니다. "지금 이 순간이 영원했으면 좋겠어"라고 말하는 사람들의 소원을 이룰 수 없을까요. 그것은 우리가 행복을 누릴 줄 알 때 가능해집니다.

행복에 도전한 두 사람이 있었습니다. 당시 여든한 살, 여든다섯 살의 노배우였습니다. 연예인들을 모아 합창단을 만드는 2022년 JTBC의 예능 프로그램 '뜨거운 씽어즈' 첫 방송에서 나문희, 김영옥의 무대가 많은 사람에게 회자됐습니다.

특히 프로그램 시작 전에 40만 명이 유튜브로 시청한 나문희의 영상을 몇 번이고 다시 봤습니다. "쓸쓸하던 그 골목을 당신은 기억하십니까. 지금도 난 기억합니다." 조덕배의 노래 '나의 옛날이야기'를 담백하게 부르는 그의 첫 소절에 나도 모르게 눈물이 툭 떨어졌습니다. 그 무대를 바라보고 있는 화면 속 합창단 멤버 모두가 눈물을 훔쳤습니다. 이상한 일이었습니다. '천 개의 바람이 되어'를 부른 김영옥의 무대 역시 마찬가지였습니다. 여든다섯의 배우가 '나는 죽는 게 아니라 바람이 되어 당신 곁을 지킬 것이니 슬퍼하지 말라'는 가사의 노래를 불렀기 때문일까요. 그는 살아가면서 이별해야 했던 가족을 생각하며 불렀다고 했습니다.

자신의 인생을 돌아보며 자기소개 삼아 들려준 노래는 대단

한 기교나 힘이 있는 가창력의 무대가 아니었습니다. 왜 사람들은 '나도 모르는 눈물'을 흘리게 된 걸까요. 인생에 투영된 울림일 것입니다. 나의 어머니, 나의 할머니, 또 미래의 나의 모습을 돌아보게 했기 때문입니다. 무엇보다 반가운 것은 자신의 행복을 찾아 나선 배우들의 모습이었습니다. "할머니들도 집구석에만 있지 말고 좀 나와서 노래도 하고, 우리 세상이 있다는 걸 알았으면 좋겠어요.", "떨리지만, 재미로 삼아 행복하게 노래 불러 볼게요.", "행복해지려고 나왔어요"라고 말하는 이들의 삶의 태도를 배우고 싶었습니다.

행복한 순간을 느낄 수 있는 것은 능력입니다. 앙드레 지드는 '지상의 양식'(문예출판사)에서 이렇게 말했습니다. "풀벌레 하나, 꽃 한 송이, 저녁노을, 사소한 기쁨과 성취에도 놀라워하는 사람이 진정한 부자다. 감동할 때 우리는 정화되고 행복해지고 신성해진다. 그리고 감동해야 감동을 줄 수 있다. 타인의 마음에 불을 전하려면 먼저 자기 마음이 불타야 한다. 가장 가난한 사람은 내면의 불이 꺼진 사람이다. 오늘 놀라운 일은 무엇이었는가? 감동하거나 마음에 파문을 일으킨 일은 무엇이었는가? 영감을 받은 일은 무엇이었는가?"

나이 듦을 어떻게 받아들이냐에 따라 행복의 정도가 정해지는 것 같습니다. 사람들이 나이 드는 것을 두려워하는 이유 중 하나는 죽음이 두려워서입니다. 결국, 나이 듦은 일종의 자기모순에 빠집니다. 모든 사람은 더 오래 살기를 바라지만 아무도 나이 드는 것은 원치 않는다는 것입니다. 유대인 작가 아브라함 헤셸은 "나이 듦은 패배가 아니라 성공이며, 형벌이 아니라 특권이다. 마치 대학에서 최고 학년이 되는 것처럼 인생의 완성을 이룬다는 기대를 품고 노년을 맞이해야 한다"라고 말했습니다. 신앙이 노년을 비극적 결말보다 새로운 모험과 축복으로 여길 수 있도록 도와주었으면 좋겠습니다. 그러기 위해선 나이 듦의 과정을 하나의 영적 훈련으로, 영적 여정으로 만들어야 합니다. 영성의 본질은 하나님께서 무한한 시공을 가로질러 우리의 문을 두드리는 것입니다. 문을 두드리는 소리를 듣고 문을 여는 방법을 배우는 것이 영성 훈련입니다. 따라서 나이가 든다는 것은 우리를 사랑하고 우리를 찾길 바라시는 하나님께 응답하는 여정입니다.

29
나이 듦과 성장은 다르다

우리의 인생은 때론 행복하고 때론 불행합니다. 우리는 시간이 지난 후에야 평범하고 사소했던 그 하루들이 얼마나 소중한가를 깨닫습니다. 인생은 수명이 얼마 남지 않은 건전지처럼, 심지가 얼마 남지 않은 촛불처럼 유한합니다. 이런 우리의 인생이 눈부시려면, 바다에 떨어진 황혼처럼 눈부시게 떠날 수 있으려면 어떻게 살아야 할까요.

세월은 재빠르게 지나갑니다. 어느새 아이에서 청소년이 되고, 순식간에 성인에서 노인이 됩니다. 그러나 아이에서 어른이 되는 것은 성장이 아니라 어디까지나 나이를 먹는 것, 나이 듦에 지나지 않습니다. 사람이 태어난 후 유년기에서 청소년기, 청년기, 중장년기, 노년기를 거치며 성장하는 데는 고통과 시련이 따릅니다. 그 고통을 통해 성장하는 것이 진정한 성장입니다.

미국의 작가 마야 안젤루는 "껍질이 벗겨지는 아픔이 없이는 열매가 열릴 수 없듯이 젊은이도 유년기와 사춘기의 아픔과 절망을 겪지 않고서는 성숙한 어른으로 자랄 수 없다"고 말했습니다. 안젤루는 유년 시절부터 온갖 불행을 겪으며 자랐지만 소설가, 시인, 가수, 배우, 영화감독, 교수, 인권 운동가 등으로 활동해 희망의 상징이 됐습니다. 그것은 사랑이 고통을 치유해 주었고, 이를 통해 성장했기에 가능했습니다.

이 땅의 모든 이들이 고통을 이겨내고 성장하는 과정을 야곱의 '천사와의 씨름'에 비유하고 싶습니다. 자신을 축복해 주기 전까지는 보내 주지 않겠다고 천사와 씨름하던 구약성서의 야곱처럼, 난관에 봉착하면 치열한 씨름을 해야 합니다. 이 천사와의 씨름에서 '찬란한 패배'를 하더라도 그것은 성장의 과정입니다. 인간은 역경을 견뎌 낼 뿐만 아니라 역경을 통해 오히려 성장하는 놀라운 힘을 지니고 있습니다. 미국의 정신과 의사이자 작가인 모건 스콧 펙은 "문제에 직면할 때 없던 용기와 지혜가 생기며 이때 인간은 영적·정신적으로 성장한다"고 말했습니다.

분명한 것은 성장하는 데 고통과 시련이 따른다는 것입니다. 안젤루의 말대로 유년기와 사춘기의 아픔과 절망을 겪지 않고서는 성숙한 어른으로 자랄 수 없습니다. 그렇다고 성장을 위해 일부러 고통에 부딪힐 필요는 없지만, 이미 고통을 만났다면 먼저 '내가 운이 없거나 내가 약해서 지금 마음이 힘든 것이 아니란 것'을 알아야 합니다. 또 잘 견디고 있는 내 마음을 토닥여 주고 안아 주어야 합니다. 그리고 고난을 두려워하지 않고 용기를 내야 합니다. 용기란 두려움에도 불구하고 또는 고통을 무릅쓰고 앞으로 나아가는 능력입니다.

지상에서 우리에게 주어진 시간은 한정돼 있습니다. 나이 드는 것이 두렵고 점점 사람들의 뇌리에서 잊힐까, 치매나 노환으로 고통을 겪게 될까 걱정하며 삽니다. 그러다 마지막 날이 언제인지 알 길이 없음을 진정으로 깨달은 후에야 오늘 하루가 마지막인 것처럼 열심히 살게 됩니다. 너무 늦기 전에 행복한 삶의 의미를 찾아보십시오.

오늘 나에게 이런 질문을 던져 보십시오.

"나를 행복하게 하고 성취감을 느끼게 했던 중대 사건들은 무엇인가."

"직장생활과 가정생활을 하면서 가치 있었던 활동들은 무엇인가?"

"사람들이 나를 어떤 인물로 기억하길 바라는가?"

"삶의 전환점이 됐던 사건, 경험을 통해 무엇을 배웠는가."

"만일 삶을 다시 시작한다면 무엇을 다르게 하고 싶은가."

우리는 시간이 지난 후에야 평범하고 사소했던 그 하루들이 얼마나 소중한가를 깨닫게 됩니다. 엘리자베스 퀴블러로스는 "지상에서 우리에게 주어진 시간은 한정돼 있다. 마지막 날이 언제인지 알 길이 없음을 진정으로 깨닫고 이해한 뒤에야 오늘 하루가 마지막인 것처럼 열심히 살게 된다"고 말했습니다.

노년기에 찾아오는 병과 고통이 나쁜 것만은 아니라 하나님께 나아가는 준비과정이며 하나님께 삶을 의탁하는 기회의 시간입니다. 노년은 걱정과 근심에 싸여 후회와 좌절로 소비할 시간이 아닙니다. 하나님께 더 가까이 나아갈 수 있는 기회이고 말씀과 기도로 여생을 보낼 수 있는 시간입니다.

인간은 나이가 들수록 물질로 채워지지 않는 공허함이 있습니다. 중년기 이후에 처한 대부분의 사람들은 영적 가치나 의미에 의해서만 충족될 수 있는 '실존적 공간'을 갖고 있습니다. 이를 채우기 위해 영혼에 자양분을 제공해 줄 놀이와 여가 시간을 마련하는 것이 바람직합니다. 묵상과 성경 읽기, 기도 등으로 지친 영혼을 어루만져 주어야 합니다. 그것은 바로 나의 영혼의 지문으로 나를 일으켜 세우는 일이며 영혼의 나이테를 만드는 방법입니다. 영적인 삶을 사는 사람이 훨씬 더 젊게 삽니다.

혼자 할 수 있는 글쓰기 사용 설명서

"오늘 하루 잘 지내셨나요?" 잠시 분주한 마음을 내려놓고 나에게 집중하는 시간을 가져 보십시오. 혼자 할 수 있는 글쓰기는 몸과 마음 그리고 영혼 사이에 매몰된 연결고리를 재생하는 작업입니다. 혼자만의 공간을 마련하고 현재 느끼는 감정에 집중하십시오. 각 장마다 '마음 글쓰기' 코너를 마련했습니다. 내 속에 있는 이야기를 꺼내어 문장으로 옮기다 보면 아픔도 치유되고 내 안의 창조성이 회복돼 힘 있는, 살아있는 이야기를 쓸 수 있습니다. 그런 힘이 생깁니다.

2부

●

혼자 할 수 있는
글쓰기

30

자신의 감정에 솔직하기로 해요

나를 깨우는 글쓰기 ①

~~~~~~~~~~~~~~~~~~~~~~~~

사람은 누구나 소속감을 느끼고 집단에서 인정받길 원합니다. 타인에게 '괜찮은 사람', '유능한 사람'이란 말을 들어야 비로소 안심하게 됩니다. 자연스러운 감정이지요. 그러나 인정 욕구를 외부에서만 채우려 하면 배고픔은 계속될 수밖에 없습니다. 진정한 소속감은 타인과 함께 달성하는 것이 아니라 자신을 온전히 믿을 때 느낄 수 있습니다.

세상에는 열등감을 없애고 자존감을 키워 준다고 선전하는 많은 방법이 있습니다. 결국, 핵심은 그대로의 자신을 받아들이는 것, 타인의 시선에서 해방돼 자신을 있는 그대로 수용하는 것입니다. 어떻게 있는 그대로의 나를 수용할 수 있을까요. 그것은 '나는 충분하다'고 생각하는 용기가 먼저입니다. 자기를 사랑하는 사람은 누구도 함부로 하지 못합니다.

　대중연설을 두려워한 사람이 있었습니다. 그는 성공한 기업인이지만 사람들 앞에 서는 게 죽기보다 싫었습니다. 그는 상담을 통해 불안의 원인이 '불안해하는 자신을 부끄럽게 여기기 때문'임을 깨달았습니다. 남들도 자기만큼 불안해한다는 걸 알고 스스로 "이런 나도 괜찮아"라고 말해줬습니다. 그는 자신을 있는 그대로 받아들이면서 불안을 차츰 극복했습니다. 그러다 비로소 "이만하면 충분해"라는 내면의 목소리를 들을 수 있었습니다. 그동안 "넌 원래 그것밖에 안 돼" 하며 괴롭히던 타인의 시선은 바로 자신의 시선이었습니다.

　'우울하지 않았으면, 불안이 없어졌으면' 하고 바라기보다 현재 느끼는 감정과 대화를 나누는 편이 지혜롭습니다. 내면 깊은 곳으로 들어가 자신을 있는 그대로 바라보고 받아들이는 과정이 필요합니다. 마음이 어두워지고 심사가 꼬일 때 이런 질문이 좋습니다. '이게 정말 화낼 만한 일인가.' '이게 정말 좌절할 만한 일일까.' 자신의 감정을 좋거나 나쁘게 판단하지 않고 무시하지도 않은 채 있는 그대로 느끼는 것입니다. 자신에 대한 부정적 느낌이나 생각 역시 있는 그대로 또렷이 바라보는 연습이 돼 있을 때 자신이 빠져 있는 고통도 더 정확하게 알 수 있습니다.

　"어떡하지?" 살면서 수없이 하는 말입니다. 남과 의논하고 조언도 구하지만 결국 답은 내 안에 있습니다. 살아가는 동안 우린 자신과 가장 많은 대화를 합니다. 그동안 내 목소리를 들으려 하지 않았다면 지금 자신에게 말을 걸어 보십시오. "힘들지 않니", "행복하니", "힘내자"라고.

나를 충분히 사랑해 주고 마음의 바다까지 들여다보는 건 '진짜 나'를 찾아가는 과정입니다. 자신을 잘 알지 못하면 자신을 좋아하기 어렵습니다. 내가 나를 어떻게 보는지가 중요합니다. 스스로 사랑받을 가치가 있다고 믿는 것이 진정한 소속감입니다.

"진정한 소속감은 자신을 굳게 믿고 자기 자신에게 속함으로써 가장 진실한 자신을 세상과 함께 나눌 수 있고 무언가의 일부가 되는 동시에 황야에 홀로 서는 정신적 체험이다. 진정한 소속감은 진정한 자신을 바꾸길 요구하지 않는다. 그저 진정한 자신이 되길 요구한다."(브레네 브라운의 '진정한 나로 살아갈 용기' 중에서)

시련을 이겨내는 가장 큰 힘은 자신에 대한 사랑입니다. 실수한 자신을 비난하고 책망하는 것은 현명하지 못합니다. 다른 사람들로부터 받는 상처보다 자신이 헤집고 쑤시는 상처가 더 크고 깊습니다. 그러나 "지금까지 잘해 왔잖아", "이번엔 못했지만, 다시 도전해야지"라며 스스로 격려하면 용기가 생깁니다.

자신의 약점을 온전히 받아들이고 포용하면, 나를 연약하게 만드는 바로 그것이 나를 아름답게 만들어 줄 것입니다. 가장 소중한 친구를 대하듯 나를 존중하고 사랑해 주세요.

글쓰기는 자신을 알아가기에 가장 좋은 방법 중 하나입니다. 내가 몰랐던 나, 내가 느끼는 감정의 정체를 찾아보고 삶을 성찰할 수 있습니다. 글쓰기는 일상의 고통과 스트레스를 극복하고 마음의 상처를 치유하는 좋은 길이며 글쓰기 습관에 충분한 시간을 부여하는 게 최고의 자기 배려입니다.

바쁜 일상에서 잠시 멈춤의 버튼을 눌러 보십시오. 시시각각 변하는 나의 감정과 솔직하게 소통해 보세요. 내면 깊은 곳으로 들어가 자신을 바라보고 "이런 나도 괜찮아". "이만하면 충분해"라고 말해 주세요. 그동안 "넌 원래 그것밖에 안 돼" 하며 괴롭히던 타인의 시선은 다름 아닌 자신의 시선이었음을 알게 될 것입니다.

바로 지금 여기, 있는 그대로의 나를 바라보고 인정하는 것, 바로 치유의 출발점이자 완성입니다. 먼저 현재의 나를 바라보고 내가 어떤 사람인지 알아 가야 합니다. 요즘 내가 느끼는 감정은 무엇이고 내가 원하는 것이 무엇인지 알아 간다면 마음의 불안감을 줄일 수 있고 자신이 원하는 삶의 방향을 찾을 수 있습니다.

마음 글쓰기

● 글쓰기 출발을 위한 질문입니다.

오늘은 내 나이가 꼭 ○○살처럼 느껴진다.

오늘은 ○○한 하루였다.

지금 내 기분은 ○○하다.

나는 ○○할 때 너무나 신이 난다.

나는 ○○할 때 가장 행복하다.

나는 ○○할 때 자신이 자랑스럽다.

나는 ○○할 때 지루하다.

31

과거 행복했던 순간의 목록 만들어 봐요

나를 깨우는 글쓰기 ②

~~~~~~~~~~~~~~~~~~~~~~~~~~~~

글쓰기는 자신 안의 문제나 갈등에 직면해 자신의 문제를 객관적으로 바라보게 합니다. 이런 과정을 통해 내면의 상처를 회복하고 한층 더 성숙한 의식을 갖게 됩니다. 일기장에 누구에게도 알리지 못한 나만의 비밀을 털어놓았던 경험을 떠올리면 쉽게 공감할 수 있습니다.

많은 사람이 알고 있는 안네 프랑크(1929~1945)는 1941년 독일군이 네덜란드를 점령했을 때 강제수용소에 끌려가지 않으려고 2년 동안 작은 다락방에 숨어 지냈습니다. 13세 때 생일 선물로 받은 일기장에 언제 발각될지 모르는 공포와 학교에 다니지 못하는 안타까움 등을 적었습니다. 안네가 그토록 필사적으로 원했던 삶을 대신한 것은 일기였습니다.

마음의 상처는 깊건 그렇지 않건, 그 사람의 말과 행동에 영향을 미칩니다. 그러나 사람들은 감정을 잘 표현하지 못합니다. 특히 분노, 우울, 불안과 같은 부정적인 감정은 표현하기가 힘듭니다. 애써 감정을 외면하고 무시합니다. 그런다고 해서 이런 감정이 사라지지 않습니다. 무의식에 싸여 삶을 괴롭게 합니다.

마음의 상처를 글쓰기를 통해 밖으로 꺼내 놓고 객관화한다면 상처는 점점 희미해질 것입니다. 글을 쓰면서 얻는 위로, 격려, 공감은 사람을 변화시킵니다. 미국의 심리학자 버지니아 사티어의 말처럼 우리 안에는 자신을 치유할 수 있는 다양한 잠재력과 가능성이 있습니다. 좋은 글이나 시를 읽고 쓰면서 우리는 치유의 잠재력을 만날 수 있습니다.

먼저 오늘은 긍정의 기억을 일깨우도록 하겠습니다. 어린 시절 또는 과거의 어느 행복했던 순간을 떠올려 보세요. 그 내용을 글로 옮겨 적으면 예상치 못한 감정을 느낄 수 있습니다.

영화 '사운드 오브 뮤직'에서 주인공 마리아가 천둥소리에 놀란 아이들에게 불러주던 '마이 페이버릿 싱(My Favorite Things)'의 노랫말입니다.

"장미 꽃잎의 빗방울과 고양이들의 작은 수염, 밝게 빛나는 금속의 솥과 따뜻한 털 손모아장갑, 갈색의 종이들과 그것을 매고 있는 노끈들… 코와 눈썹에 떨어진 눈송이들, 봄기운에 녹는 은빛 겨울 풍경, 이것들은 바로 내가 좋아하는 것들이지, 개에 물리고 벌에 쏘이고 맘이 슬플 때도, 내가 좋아하는 것들만 생각한다면 행복해질 수 있지."

마리아가 아이들에게 '외롭고 무서울 때 자신이 가장 좋아하는 것들을 기억해 내면 슬프지 않다'며 좋아하는 것을 떠올리게 하는 장면이 제일 기억에 남습니다. 청소년 시절 이 영화를 본 후 행복해지는 단어들을 노트에 써 봤습니다. 신기하게도 단어를 하나씩 쓰면서 따뜻한 에너지가 생기는 것을 경험했습니다. 우리가 어떤 소리나 장면을 떠올릴 때 편안함을 느낀다면 그것은 과거 행복했던 기억이 무의식적으로 함께 연상되기 때문일 것입니다. 내가 좋아하는 것들의 목록을 먼저 써 보세요. 그 자체가 한 편의 시가 될 수 있습니다.

마음 글쓰기

1. '내가 즐기는 20가지'를 쓰십시오.
   여행하기, 산책하기, 묵상하기, 요리하기, 운전하기, 자전거 타기 등 목록을 써 내려 가세요.

2. 내가 그토록 좋아했던 일을 한 때가 혹시 까마득히 먼 시간은 아니었나요. 각 항목마다 언제 그 일을 마지막으로 했는지 적습니다.

1.
2.
3.
4.
5.
6.
7.
8.
9.
10.
11.
12.
13.
14.
15.
16.
17.
18.
19.
20.

32

격려·지지하는 말로 '내면 아이' 돌봐요

나를 깨우는 글쓰기 ③

~~~~~~~~~~~~~~~~~~~~~~~~~~~~~~~~~~~~~

2013년 여름, 서울 광화문 교보빌딩 광고판에 이런 문구 하나가 올라왔습니다. "나였던 그 아이는 어디에 있을까/ 아직 내 속에 있을까 아니면 사라졌을까?" 이 시의 구절은 파블로 네루다의 시집 '질문의 책' 44의 1연입니다.

"나였던 그 아이는 어디 있을까/ 아직 내 속에 있을까 아니면 사라졌을까?/ 내가 그를 사랑하지 않았다는 걸 그는 알까/ 그리고 그는 나를 사랑하지 않았다는 걸?/ 왜 우리는 헤어지기 위해 자라는 데/ 그렇게 많은 시간을 썼을까?/ 내 어린 시절이 죽었을 때/ 왜 우리는 둘 다 죽지 않았을까?/ 만일 내 영혼이 떨어져 나간다면/ 왜 내 해골은 나를 쫓는 거지?"('질문의 책' 44)

이 시를 읽고 어떤 감정을 느끼셨는지요. 혹 어린 시절, 어떤 감정을 떠올렸나요?

우리는 어린 시절의 크고 작은 상처를 받으며 성인이 됩니다. 상처 입은 '내면 아이'를 품은 채 성장하는 것이지요. 그렇게 되면 몸은 어른이 됐지만, 정서적 학대나 결핍으로 내면엔 성장하지 못한 '성인 아이'가 존재하게 됩니다. 이 성인 아이는 아직도 어린 시절의 해결되지 않은 문제를 안고 있습니다. 대부분 이들은 대인관계에 어려움을 겪고, 정서적으로 깊은 상처를 안고 살아갑니다.

로버트 풀검의 시 '가장 받고 싶은 선물' 중에 이런 대목이 나옵니다.

"나는 지나간 나의 어린 시절을 되돌려 받고 싶다.… 이미 오래 전에 떠나가 버린 지난 어린 시절의 아이, 그 아이가 지금도 당신과 내 안에 살고 있다. 그 아이는 당신과 나의 마음의 문 뒤에 서서 혹시라도 자신에게 무슨 멋진 일이 일어나지 않을까 하고 오랫동안 간절히 기다리고 있다."

이 시를 읽고 떠오른 이미지가 있었나요. 가장 안전해야 할 가정에서 가정폭력으로 자녀들이 목숨을 잃는 비극적인 사건이 끊이지 않아 너무나 마음이 아픕니다. 가해 부모들은 대부분 "어렸을 때 맞고 자랐다"고 말합니다. 체벌로 제재하는 것이 최선의 훈육이라고 생각할 만큼 왜곡된 자녀관을 가지고 있습니다. 폭력 아버지를 둔 아이들은 또 폭력 아버지가 되기도 합니다. 왜 폭력은 대물림되는 것일까요.

신체적 정서적 폭력은 어린아이에게 너무나 끔찍한 것이어서 학대받는 동안 아이들은 자신의 원래 모습으로 남아 있을 수 없습니다. 이 고통에서 살아남기 위해 아이들은 자신의 정체성을 잃어버리고 자신을 가해자와 동일시해 버립니다. 내게 해를 가하는 사람을 증오하면서도 나도 모르게 그 사람을 닮아 간다는 것이지요.

심리학자 존 브래드쇼는 저서 '상처받은 내면 아이 치유'에서 한 여성의 이야기를 소개합니다. 나치 포로수용소에서 소름 끼치도록 학대당했던 어머니가 자신이 당했던 방식대로 세 살도 안 된 자식을 '유대인 돼지'라고 부르며 마구 때렸다는 내용입니다. 한때 무기력하게 학대당한 아이가 자라서 가해자가 되고 그 속엔 상처받은 내면 아이가 존재한다는 것을 알 수 있습니다.

아이들이 폭력적인 환경에 자주 노출되면 상대를 배려할 줄 모르고 폭력적인 어른이 될 가능성이 큽니다. 특히 부부싸움이 자녀들에게 치명적인 영향을 줍니다. 2~7세에 부부싸움을 목격한 자녀는 심하게 맞은 것 이상의 고통과 불안을 느낀다고 합니다. 아이에겐 부모의 무서운 눈빛, 표정도 폭력일 수 있습니다. 엄마의 반복되는 무표정한 얼굴도 폭력으로 느껴질 수 있습니다.

좋은 부모가 되기 위해 우선 정신적으로 건강해야 합니다. 만약 '내면 아이'가 아직도 상처받은 상태로 있다면, 겁에 질려 상처받고 이기적인 자신의 '내면 아이'도 함께 돌봐야 합니다. 부모 세대를 탓할 수만은 없습니다. 그들 역시 과거에 부모로부터 상처받은 '성인 아이'일 수 있기 때문입니다. 그 어떤 부모도 완벽할 수 없습니다. 중요한 것은 내 안의 상처받은 아이로 인해 자녀에게 상처를 주지 않으려고 노력해야 한다는 점이지요.

지시와 책망의 말보다 격려와 지지의 말을 더 많이 해야 합니다. 자녀에게 "숙제는 했니"라고 묻기 전에 눈을 맞추고 따뜻한 미소로 바라보십시오. 마치 아름다운 꽃 한 송이를 바라보는 것처럼.

마음 글쓰기

1. 파블로 네루다의 '질문의 책' 44의 1연을 읽고 내면 아이에게 편지를 써 보십시오. 어린 시절의 나에게 말을 걸어보세요.

> 나였던 그 아이는 어디 있을까
> 아직 내 속에 있을까 아니면 사라졌을까?
> 내가 그를 사랑하지 않았다는 걸 그는 알까
> 그리고 그는 나를 사랑하지 않았다는 걸?
> 왜 우리는 헤어지기 위해 자라는 데
> 그렇게 많은 시간을 썼을까?
> 내 어린 시절이 죽었을 때
> 왜 우리는 둘 다 죽지 않았을까?
> 만일 내 영혼이 떨어져 나간다면
> 왜 내 해골은 나를 쫓는 거지?

33

가슴 먹먹해지는 음식을 떠올려 봐요

'마지막 순간'을 앞둔 환자들을 위해 음식을 만들어 주는 호스피스 요리사가 있습니다. 독일의 루프레히트 슈미트는 원래 최고급 레스토랑에서 인정받는 수석 요리사였는데, 종종 채워지지 않는 삶의 허기를 느꼈습니다. 그의 허기는 함부르크에 있는 호스피스 시설, 로이히트포이어(등대의 불빛) 요리사로 일하면서 채워지기 시작했습니다.

그는 매일 아침 병실을 돌며 환자에게 메뉴를 받아 정성껏 '마지막 식사'를 만들었습니다. 삶의 끝에 선 사람들은 대부분 엄마가, 할머니가 해 주셨던 추억의 음식을 찾았습니다. 만일 '생애 마지막 식사로 어떤 음식을 드시겠습니까?'라는 질문을 받는다면, 이 질문의 답을 찾는 동안 많은 인생의 장면들이 지나갈 것 같습니다. 대부분 가장 행복했던 순간에 사랑하는 사람과 함께 먹은 음식을 꼽을 듯합니다.

누구에게나 가슴이 먹먹해지는 음식이 있습니다. 특히 몸이 아프거나 입맛이 없을 때 유독 생각나는 음식이 있습니다. 재료가 특별한 것도 아니고 만드는 방법이 복잡한 것도 아닌데 슬프거나 힘들 때 위로가 되는 음식 말입니다.

일본 영화 '심야식당'을 보고 음식의 맛은 위로이고 추억이란 생각을 한 적이 있습니다. 내용은 대략 이렇습니다. 도쿄의 번화가 뒷골목, 조용히 자리 잡은 밥집이 있습니다. 모두가 귀가할 무렵 문을 여는 이곳의 주인장 마스터는 손님들의 허기와 마음을 달래 줄 음식을 만듭니다. 그리고 그곳을 찾는 단골손님들의 이야기가 시작됩니다. 그중 가장 기억에 남는 부분이 있습니다. 그것은 돈을 벌기 위해 도쿄로 상경한 미치루에게 마스터가 만들어 준 마밥이 실의에 빠졌던 그녀를 일으켜 세워 준 이야기입니다.

지금 어떤 음식이 떠오르나요. 투병하던 오빠가 좋아하던 고등어 무조림, 어머니가 도시락 반찬으로 만들어 준 치즈계란말이, 외할머니가 끓여준 홍합 매생이죽, 아버지가 좋아하셨던 사과식초와 참기름 향의 낙지 숙회…. 당시엔 전혀 중요하지 않았던 순간이 불현듯 생각날 수 있습니다.

따라서 식사는 단순히 음식을 섭취하는 것 이상의 의미가 있습니다. 그날 함께한 사람, 그날의 분위기, 풍경, 음식에 얽힌 사연 등이 결합해 두고두고 기억됩니다. 음식이 위로가 될 수 있는 것은 바로 그런 음식에 대한 추억 때문일 것입니다. 음식은 추억의 다른 이름이 아닐까요.

글이 잘 안 써질 때 음식에 관련된 글을 쓰면 의외로 수월하게 쓸 수 있습니다. 음식에 관한 이야기는 무궁무진합니다. 음식과 관련된 추억을 되살려 글로 옮길 수 있습니다.

그런데 정서적 공허감, 삶의 허기는 음식만으로 채울 수 없습니다. 우리의 영혼은 진공청소기처럼 강렬한 허기를 갖고 있습니다. 창조주는 우리와 깊은 친밀감을 나누기 위해 우리 안에 그 갈망을 심어 놓으셨습니다. 이 영적인 허기를 어떻게 채울 수 있을까요. 호스피스 요리사 루프레히트 슈미트처럼 영혼의 허기를 채우는 방법을 찾아야 합니다. 우리가 진정으로 갈망하는 대상은 음식이 아니라 영적인 것임을 깨닫는다면, 그 간절함은 우리가 창조주에게로 나가는 수단이 될 수 있습니다.

마음 글쓰기

1. 음식은 취향과 기호의 산물이기에 관련된 글을 쓰다 보면 자신을 좀 더 이해하고 인정할 수 있게 도와줍니다.

내가 좋아하는 음식은 무엇인가요.

내가 싫어하는 음식은 무엇인가요.

먹을 때마다 행복해지는 음식, 생각만 해도 힘이 나는 음식은 무엇인가요.

좋아하거나 싫어하는 음식과 관련된 기억은 무엇인가요.

34

지난날은 모두 '오늘'이었습니다

~~~~~~~~~~~~~~~~~~~~~~~~

많은 사람이 자신이 무엇을 원하는지 모른 채 살아갑니다. 죽음을 앞두었을 때야 비로소 평생 진정으로 하고 싶었던 일이 떠오르기도 합니다. 말기 환자들이 세상을 떠나기 전 후회하는 말은 '다른 사람이 아닌 내가 원하는 삶을 살았더라면', '내가 그렇게 열심히 일하지 않았더라면', '내 감정을 표현할 용기가 있었더라면', '친구들과 계속 연락하고 지냈더라면', '나 자신에게 더 많은 행복을 허락했더라면'이라고 합니다.

일상 속에서 죽음을 인식하며 살기는 쉽지 않습니다. 그러나 삶이 유한하다는 것을 인식하며 사는 삶과 그렇지 못한 삶엔 차이가 있습니다. 전자는 삶에 의미를 부여하고 갈등을 정리하고 떠나지만, 후자는 죽음에 대한 공포나 의심, 소외와 미련 속에서 고독한 죽음을 맞게 됩니다. 생명을 부여받은 생명체인 인간이 삶을 정리할 때 가장 중요한 일은 무엇일까요.

글쓰기 프로그램(마음글방 소글소글)을 진행한 경험이 있습니다. 수강생들은 대부분 50대 이상의 사회적으로 영적으로 연륜이 깊은 분들이었습니다. 수업 중 '내가 만일 6개월 시한부라면'이란 주제로 글을 썼습니다. 그들의 한마디 한마디가 가슴에 꽃씨처럼 날아왔습니다. '내가 어떤 삶을 살았는지 설명하기 위해 애정과 위트가 담긴 한 줄의 부고문을 쓰겠다.' '유년 시절과 소년 시절의 추억들에 작별하고, 그 땅에 입을 맞추고, 그들에게 노래를 불러 주고 싶다.' '내가 떠난 다음에 가장 힘들어할 사람과 맛있는 식사를 나누고 싶다.'

평소 가족들에게 낯간지러워 사랑의 표현을 못 하는 경우가 많은데 삶이 유한하다고 느끼면 달라지는 듯했습니다. '아내에게 나와 살아 줘서 고맙다고 말하겠다.' '자녀들과 손자들에게 태어나 줘서 정말 고맙고 너희들이 있어서 참 행복했다고 말하며 한 번씩 끌어안아 줄 것이다.'

이 땅에 소풍을 왔다가 한바탕 잘 놀다가 하늘나라로 돌아가는 천국 백성들의 고백처럼 영적 성찰에 대한 이야기가 많았습니다. '구원의 확신이 있다고 입술로 고백하는 것만으로는 하나님을 만나기 힘들 것 같다. 내가 들고 있는 등불에 불이 꺼지지 않았는지, 기름은 넉넉한지 점검할 것이다.' '지난 시간 동안 그렇게 새

털처럼 많은 시간을 주셨건만 나를 위해서만 살았던 일들을 회개하겠다.' '사랑하기 힘든 사람을 사랑하고, 용서하기 힘든 사람을 용서하겠다.' '하루 세 번의 기도와 성경 통독으로 더욱더 단단한 영적 준비를 하고 싶다.'

그분들의 글을 통해 죽음을 생각하는 것은 자신을 되돌아보는 진지한 자기반성이며, 그 반성은 삶에 대해 더욱 겸허하고 진실한 자세를 갖게 한다는 것을 알 수 있었습니다.

가장 기억에 남는 것 중 하나는 '살아있는 날의 장례식을 하고 싶다'는 글이었습니다. 인생의 여정 가운데 함께 지냈던 이들을 초청해 토크 콘서트와 자서전 출판기념, 아내의 그림 전시회로 진행되는 삶의 마지막 축제를 열고 싶다고 썼습니다.

> "내 삶의 마지막 축제의 향연을 준비하고 싶다. 그날에는 나를 자랑스러워하는 이야기들을 사양하지 않고 다 받아들이며 미소로 답하고 싶다."

또 해군 장교 출신의 한 분은 엘리자베스 퀴블러 로스의 '죽음의 5단계'에 맞춰 6개월을 5단계로 나눠 죽음 준비에 관해 썼습니다. 그의 3단계 죽음 준비 목록에 시선이 한참 머물렀습니다. '옷은 수의 대신 입을 해군 정복 한 벌만 남겨두고 없앨 것.' 하얀색 해군 정복을 입은 그분의 모습을 떠올리다 이해인 수녀의 시 한 편이 생각났습니다. "삶의 의무를 다 끝낸 겸허한 마침표 하나가 네모난 상자에 누워 천천히 땅 밑으로 내려가네…"(이해인의 시 '하관' 중에서)

  삶이란 꽃씨처럼 땅에 심어져 꽃을 피우고, 꽃씨를 닮은 마침표를 찍고 이 땅을 떠나는 것이 아닐까요. 어린 시절 소꿉놀이를 할 때 자주 만지작거렸던 분꽃 씨가 기억이 납니다. 까맣고 동그란 분꽃 씨를 터뜨리면 하얀 가루가 들어 있어 신기해했던 기억이 새롭습니다. 그런 꽃씨 같은 마침표 하나를 남기는 것이 인생일까요. 분명한 것은 우린 유한한 인생을 살다 하늘나라로 간다는 것입니다. 이 땅에 사는 동안 인생의 소소한 기쁨을 누리며 살아야 합니다. 소소한 행복을 느낄 수 있는지 없는지에 따라 인생의 행복이 결정됩니다. 우리에게 행복을 주는 것은 사소한 일상입니다. 하루하루 속에 수많은 행복의 알갱이를 뿌려 놓으십시오. 그 작은 알갱이들을 느낄 수 있는 사람만이 행복의 주인이 될 수 있습니다.

  일상에서 삶의 의미를 발견하려면 '지금 여기 이 순간'을 살아야 합니다. 프랑스의 철학자 질 들뢰즈는 "현재란 시간은 과거와 미래의 두 방향으로 무한히 분할된다"고 말했습니다. 과거는 가까운 과거와 덜 가까운 과거 그리고 먼 과거 등으로, 미래도 가까운 미래와 조금 먼 미래 그리고 아주 먼 미래로 겹겹이 쌓여 존재합니다. 지난날은 모두 '오늘'이었습니다. 오늘도 결국 어제가 됩니다.

마음 글쓰기

1. 만일 당신이 중병으로 3개월 동안 침대에만 누워 있다면 무엇이 가장 그리울까요. 의사가 허락해서 밖으로 나갈 수 있다면 무엇을 제일 먼저 하겠습니까.

35
시로 마음을 표현하세요

지금 삶이 우울하고 만족스럽지 않다면, 그것은 나 자신을 모르기 때문입니다. 미국 심리학자 토리 히긴스는 '당위적인 자아'와 '현실의 자아'가 충돌할 때 사람들이 우울과 불안을 느낀다고 말합니다. 당위적인 자아는 '무엇을 해야 한다'는 조건을 달고 있습니다. '집을 사려면 돈을 벌어야 해', '승진하려면 완벽하게 일해야 해', '무시당하지 않으려면 출세해야 해'….

그런데 그 조건들은 내가 만든 게 아니라 타인이 만들어 낸 것입니다. 열심히 사는 사람들일수록 사회가 만들어 준 신념에 맞춰 삽니다. 진정으로 내가 원하는 것이 뭔지 모른 채 나이가 들어 갑니다. 진정한 나와 사회적 역할을 혼동할수록 삶은 불만으로 가득해집니다.

인간은 삶의 의미를 찾는 정신적·영적 동물입니다. 매 순간 자신의 내면과 삶을 향해 진실한 질문을 던지지 않으면, 다른 사람들이 던진 질문만 들여다보다 생을 마감하게 됩니다. 우리가 살아가면서 멈추지 말아야 할 질문이 있다면 그것은 "나는 누구인가?"입니다. 이 질문은 잠든 내면을 깨웁니다. 이 질문에 대한 답은 "나는 어떻게 살아야 하는가?"에 대한 답과 거의 같습니다.

1996년 노벨 문학상을 받은 폴란드 시인 비스와바 심보르스카의 '선택의 가능성'이란 시의 일부입니다.

"영화를 더 좋아한다/ 고양이를 더 좋아한다/ 바르타 강가의 떡갈나무를 더 좋아한다/ 도스토옙스키보다 디킨스를 더 좋아한다… 명확하지 않은 기념일에 집착하는 것보다/ 하루하루를 기념일처럼 소중히 챙기는 것을 더 좋아한다… 기나긴 별들의 시간보다/ 하루살이 풀벌레의 시간을 더 좋아한다…"

아름다운 문체로 사색적인 작품을 주로 썼던 심보르스카는 자신이 어떤 사람인지 잘 알고 있는 듯합니다.

지금 느껴지는 불안감을 '진정한 당신이 돼라'는 내면의 신호로 감지하십시오. "지금까지 맡아온 역할들을 빼고 나면 나는 누구인가?" 이 질문과 마주하고 지금까지 '거짓된 자기'를 깨닫는 순간 자신의 진짜 존재를 만나는 인생 후반기로 넘어갈 수 있습니다. 현재 자신의 모습을 살펴보고 만든 신념과 가치관은 미래의 나를 만드는 토대가 됩니다. 끊임없이 '나'를 찾으려는 노력이 필요합니다.

만일 지금 마흔 무렵을 살고 있다면 삶을 다운시프트(downshift)해야 합니다. 자동차 운전 시 저단 기어로 변속해 속도를 줄이는 것을 '다운시프트'라고 합니다. 마흔 이후엔 우리의 삶도 다운시프트해야 합니다. 정신없이 살아온 청년기를 뒤로하고 시작하는 중년기는 "지금까지의 생활이 과연 내가 원하던 삶이었나?", "앞으로도 이 같은 삶을 계속 살아야 하나?"란 질문에 답을 찾는 시기입니다. 자기 정체성을 고민하는 이 시기엔 젊은 시절 추구해 오던 물질로는 채워지지 않는 공간이 생깁니다. 삶의 방식을 '성취 지향적'에서 '관계 지향적'으로 바꾸지 않는다면 이 공간은 더 커지고 공허감을 느끼게 될 수 있습니다. 떠밀려 살지 않고 진짜 하고 싶은 일을 찾아야 합니다.

하나님은 인간에게 질문을 던져 스스로 그 질문에 대한 답을 찾도록 유도하십니다. 성서 속에 담긴 하나님의 질문들은 우리가 어떤 삶을 살아야 하는지 되묻는 중요한 키워드입니다. 구약성서 창세기에 하나님이 인간에게 하신 최초의 질문이 등장합니다.

"아담아, 네가 어디 있느냐."(창 3:9)

아담과 하와가 에덴동산에서 하나님의 말씀을 불순종한 후 두려워 동산 나무 사이에 숨었을 때 하신 질문입니다. "네가 어디 있느냐"란 질문은 실존에 대한 물음입니다. 인간으로서 마땅히 깨닫고 서 있어야 하는 장소를 말합니다. 그런 의미에서 이 질문은 "지금 어디에 있는가?", "지금 무엇을 바라보고 있는가?"와 같습니다. 지금 내가 어디에 있는가를 바로 알고, 내가 무엇을 바라보고 있는지를 바로 아는 것이 신앙의 첫걸음입니다. 그 자리는 '코람 데오(Coram Deo)' 즉 하나님 앞에 서는 것입니다.

"나는 누구인가 남들은 종종 내게 말하기를 감방에서 나오는 나의 모습이 어찌나 침착하고 쾌활하고 확고한지 마치 성에서 나오는 영주 같다는데 나는 누구인가…. 사람들 앞에서는 허세를 부리고 자신 앞에선 천박하게 우는 소리 잘하는 겁쟁이인가 내 속에 남아 있는 것은 이미 거둔 승리 앞에서 꽁무니를 빼는 패잔병 같은가 나는 누구인가 고독한 물음이 나를 조롱합니다. 내가 누구인지 당신은 아시오니 나는 당신의 것입니다. 오 하나님."(본 회퍼의 시 '나는 누구인가' 중)

독일의 디트리히 본회퍼 목사는 '나는 누구인가'란 시에서 새장에 갇힌 새처럼 불안하고 병약한 나, 방자함과 사소한 모욕에도 치를 떠는 나, 좋은 일을 학수고대하며 서성거리는 나, 풀이 죽어 작별을 준비하는 나는 누구인가라는 질문에 이렇게 대답했습니다.

"내가 누구인지 당신은 아시오니 나는 당신의 것입니다. 오 하나님!"

지나온 시간을 돌아보면 분명 하나님께서 나를 통해서 하고 계신 이야기가 있었다는 것을 발견할 것입니다. 현재의 바쁜 삶의 속도를 줄이고 미처 돌보지 못했던 것들을 돌아본다면 그것을 찾을 수 있을 것입니다.

마음 글쓰기

디트리히 본회퍼의 시 '나는 누구인가'는 겉으로 보이는 나와 내면의 나에 대한 고백이 간절한 기도문처럼 들립니다. 하나님 앞에서의 진실한 고백은 카타르시스를 경험하게 합니다. 이 시를 읽고 모방 시를 써 보십시오. 자신의 마음을 표현하는 것만으로도 감정이 정화되는 경험을 할 수 있습니다.

"나는 누구인가 남들은 종종 내게 말하기를 감방에서 나오는 나의 모습이 어찌나 침착하고 쾌활하고 확고한지 마치 성에서 나오는 영주 같다는데 나는 누구인가…. 사람들 앞에서는 허세를 부리고 자신 앞에선 천박하게 우는 소리 잘하는 겁쟁이인가 내 속에 남아 있는 것은 이미 거둔 승리 앞에서 꽁무니를 빼는 패잔병 같은가 나는 누구인가 고독한 물음이 나를 조롱합니다. 내가 누구인지 당신은 아시오니 나는 당신의 것입니다. 오 하나님." (본 회퍼의 시 '나는 누구인가' 중)

36

삶의 속도를 늦추고 질문하십시오
"나는 누구인가?"

우리는 살아가면서 여러 가지 이름으로 불립니다. 가정에서 아버지와 어머니, 교회에서 장로님과 권사님, 직장에선 또 다른 직책으로 불립니다. 사람들은 맡은 역할에 맞춰 말하고 행동하고 생각합니다.

김광규 시인의 시 '나'엔 18개의 '나'가 등장합니다.

"살펴보면 나는/ 나의 아버지의 아들이고/ 나의 아들의 아버지이고/ 나의 형의 동생이고/ 나의 동생의 형이고/ 나의 아내의 남편이고/ 나의 누이의 오빠고…그렇다면 나는/ 아들이고/ 아버지이고/ 동생이고/ 형이고/ 남편이고/ 오빠고…오직 하나뿐인 나는 아니다/ 과연 아무도 모르고 있는 나는 무엇인가."

여러분은 몇 개의 '나'로 살고 계십니까. 심리학에서는 겉으로 보이는 '자신', 즉 사회적 위치나 역할을 '페르소나(Persona)'라고 합니다. 페르소나의 원뜻은 고대 그리스 연극에서 배우들이 쓰던 가면을 말합니다. 인간이 집단 속에서 살아가면서 여러 개의 가면을 쓰고 벗으며 살고 있다는 뜻에서 고른 말입니다.

페르소나가 100% 자기 자신이라고 믿으면 마음이 힘들어집니다. 정서적인 건강을 유지하려면 페르소나와 자아를 구별해야 합니다. 페르소나는 일반적인 기대에 맞추는 나의 태도이며, 다른 사람에게 보이는 나를 더 중요하게 생각하는 경향이 있습니다. 집단으로 주입된 생각이나 가치관을 내 생각이나 가치관으로 여길 수도 있습니다. 페르소나와의 동일시가 심하면 자신을 돌보지 못하고 자신의 존재조차 잊어버리게 됩니다.

정신분석학자 칼 융은 "페르소나는 진정한 자아와 다르며 남들에게 좋은 인상을 주려 하거나 자신을 은폐하려고 하므로 진정한 자아와 갈등을 일으킨다"고 말합니다. 갈등이 해소되지 않으면 우울증 증상으로 나타납니다. 유난히 책임감 강한 사람, 억압적인 가정환경에서 자란 사람, 문제를 혼자 해결하려는 사람들에게서 더 쉽게 나타날 수 있습니다.

'나'를 찾기 위해 '나는 누구인가'를 스스로 물어야 합니다. 업무와 일상의 시간을 명확하게 구분하고 스트레스를 해소할 수 있는 취미생활이나 운동을 하는 것 역시 긍정적인 역할을 할 수 있습니다.

인간은 사회적 존재인 동시에 고독한 존재입니다. 혼자 있기를 원하면서 또 다른 사람과 긴밀한 관계 속에 있기를 바랍니다. 성숙하고 온전한 사람이 되려면 두 상태를 자유롭게 넘나들 수 있어야 합니다. 많은 사람이 혼자 있는 고독한 시간을 견디기 힘들어하지만, 이런 시간을 통해 우리는 온전해지고 성숙해집니다.

우린 삶 속에서 얼마나 많은 고독의 시간을 보내고 있을까요. 너무 많은 자극이 두뇌와 영혼을 뒤흔듭니다. 사회생활이 다른 사람과 에너지를 나누는 것이라면, 고독은 에너지를 다시 채우는 일입니다. 고독은 외로움과는 다릅니다. 외로움이 소외에 따른 고통이라면 고독은 혼자 있는 즐거움입니다. 고독은 결핍이 아니라 충만함입니다. 고독은 자신의 내면과 마주하는 능력이며 재미입니다. 이 고독을 즐기고 이겨내는 과정에서 성장이 이루어집니다.

그러나 내면이 가난한 사람에게 고독은 외로움과 동의어입니다. 혼자 잘 논다고 고독을 즐기는 능력이 있다 할 수는 없습니다. 혹시 아무것도 하지 않는 고요한 시간이 찾아오면 불안해지는가요. 이때 인터넷 서핑, 게임, 영화 시청 등은 기분 전환은 될지 모르지만 이는 잡동사니로 어수선한 집에 있기 싫어 밖으로 나가는 것과 비슷합니다. 내면에서 올라오는 자신과의 만남을 대면하고 처리하는 연습이 필요합니다. 억눌렸던 감정, 표출하지 못했던 분노, 현실에 묻힌 꿈 등을 깊이 생각해 보십시오. 혼자 시간을 보낼 줄 아는 사람은 부정적인 감정도 다룰 줄 알게 됩니다. 내면의 공허, 불쾌한 감정으로부터 도망가지 마십시오.

고독한 시간을 보내는 과정에서 내면에 공허와 불완전한 감정이 자리 잡을 수 있습니다. 심리학자는 이를 '불안'이라 부르기도 하고 신학자는 '소외'라고 부르기도 합니다.

마음 글쓰기

1. 내 몸과 마음 영혼을 위해 배려할 리스트를 써 보세요. 목록을 만든 후 각 항목을 실천하는 방법을 적어 보십시오.

예) 몸: 하루 한 끼는 맛있는 음식 먹기, 아침에 일어나서 스트레칭하기
　　마음: 한 달에 한 권씩 책 읽기, 하루에 세 번 감사하기
　　영혼: 자기 전에 기도하기, 궁금했던 분야에 대해 공부하기

몸

- ▶
- ▶
- ▶
- ▶
- ▶

마음

- ▶
- ▶
- ▶
- ▶
- ▶

영혼

- ▶
- ▶
- ▶
- ▶
- ▶

37

내가 원하는 '나'로 살아요
수치심을 극복하는 글쓰기

수치심은 자신의 결점 때문에 사람들에게 거부당할 것이라고 믿는 고통스러운 감정입니다. 수치심에 대한 정도는 사람마다 다르지만 몸매, 말투, 경제력, 주름살, 질병, 옷 사이즈, 삶의 방식 등 자신의 모든 것에 대해 느낄 수 있습니다.

미국의 시인 번 러살라는 '수치심'이란 시에서 "자신이 사는 곳을 부끄러워하고 그런 자신을 바라보는 것, 이것이 수치심이다. 글을 읽을 줄 모르면서도 읽을 줄 아는 척하는 것, 이것이 수치심이다"라고 말했습니다. 번 러살라의 '수치심'이란 시를 한번 읽어 보십시오. 저는 "글을 읽을 줄 모르면서도 읽을 줄 아는 척하는 것"이란 문장에 밑줄을 그었습니다.

2009년 국내 개봉한 영화 '더 리더: 책 읽어주는 남자'는 글을 읽지 못하는 여인과 그녀를 사랑한 남자의 비극적인 사랑과 인생을 담았지만 남녀의 사랑보다 수치심이 사람에게 얼마나 부정적인 힘으로 작용하는지를 보여준 영화라고 생각합니다.

폴란드 아우슈비츠 강제수용소에서 유대인을 감시하는 교도관으로 일을 했던 주인공 한나는 전범재판소에 섭니다. 같이 기소된 다른 전범들이 '모든 일은 한나가 보고서로 지시했다'고 죄를 떠넘깁니다. 한나는 문맹이란 사실을 감추기 위해 자신이 보고서를 썼다고 말해 무기징역을 선고받습니다. "남들이 나를 어떻게 볼까", "나는 왜 이 모양일까"란 질문은 삶을 앞으로 나아가지 못하게 하는 걸림돌이 됩니다. "사람들이 나를 이상하게 생각하는 건 견딜 수 없어"라고 여기는 한나의 감정은 수치심입니다.

반면 문맹이란 자신의 약점을 딛고 더 행복한 삶을 찾은 사람들의 이야기도 세상엔 존재합니다. 양원초등학교에서 공부하는 만학도들의 이야기를 한 방송에서 본 적이 있습니다. 한글을 몰라 은행에 가서 돈 찾는 일도 남의 손을 빌려야 했고 외식도 편하게 하지 못했던 노부부가 지금은 카페에서 어려운 음료를 주문해 마시며 공부하는 모습이 참 행복해 보였습니다. 한글을 배워 서로의 이름을 적으며 "나를 살아가게 하는 사람", "지금까지 이 사람 때문에 살았다"라고 말하는 노부부의 모습이 아름다웠습니다. 있는 그대로의 자신을 수용한다면, 그럴 수만 있다면 수치심은 긍정적으로 발휘될 것입니다. 주어진 상황을 어떻게 받아들이느냐에 따라 인생의 행복과 불행이 나뉘는 것 같습니다.

우리는 누구나 가치 있는 존재가 되고 싶고 인정받고 싶어 합니다. 자신이 쓸모없는 존재 같고 남들에게 거부당하고 어딘가에 소속될 가치가 없다는 느낌이 들 때 우리는 수치심을 느낍니다. 이 수치심은 단절에 대한 두려움에서 비롯됩니다. 미국 휴스턴대 브레네 브라운 박사는 사람에게 '관계'가 중요한 이상 단절에 대한 두려움에서 비롯되는 수치심은 영원히 우리 삶의 한 부분을 차지할 것이라고 말합니다. 그렇지만 다행히도 누구나 '수치심 회복 탄력성'을 기를 수 있다고 말합니다. 수치심 회복 탄력성이란 우리가 수치심을 느낄 때 그 감정을 인식하고, 수치심을 일으킨 경험을 통해 배우고 성장할 수 있는 능력을 뜻합니다. 우리에겐 그런 능력이 있습니다.

우린 살아가면서 실패할 때도 많습니다. 그러나 그 행동과 자신의 가치를 동일시해서는 안 됩니다. 어떤 일에 성공하지 못했다 해도 인간으로서 실패한 것은 아니니까요. 실직할 수도, 사업에 실패할 수도 있습니다. 그러나 그것이 내가 가치 없다는 것을 뜻하지 않습니다. 일의 성패와 상관없는 나만의 가치가 있습니다. 우리는 하나님의 시선으로 자신을 바라볼 수 있어야 합니다.

우린 정직하고 진실한 사람에게 마음이 끌립니다. 마음이 따뜻하고 현실적인 사람을 좋아합니다. 있는 그대로 말하고 그 때문에 자신이 웃음거리가 되는 것도 마다하지 않는 그런 사람 곁에 있고 싶어 합니다. 이런 사람은 어떤 사람일까요. 자신을 있는 그대로 수용하고 '진짜 나'로 사는 사람들이 아닐까요.

우리는 진짜 나로 사는 사람을 존경하고 진짜 나로 살고 싶어 합니다. 누구나 자신이 누구이며 무엇을 믿는지 정확히 알고 싶고 그것을 당당하게 말하길 바랍니다. 그래서 내가 나인 것을 편하게 느끼고 싶어 합니다. 진짜 나를 이렇게 정의해 봅니다. "자연스럽고 진심 어리고 마음에서 우러나오고 개방적이고 진실한 태도로 자기 자신을 남들과 공유하는 것."

사실 이것도 완벽해지고 싶은 마음 일부분일 수 있습니다. 완벽하게 나를 몰라도 괜찮습니다.

마음 글쓰기

1. 내가 싫어하는 나, 내가 원하는 나에 대해 써 보세요.

내가 싫어하는 나: "나는 ㅇㅇ한 사람으로 보이기 싫다."

내가 원하는 나: "나는 ㅇㅇ한 사람으로 보이고 싶다."

38

'죽도록 미운 당신에게' 편지를 써요

보내지 않는 편지 쓰기

사람들은 분노를 혼자서 삭이거나 무시할 때가 많습니다. 분노는 우리가 귀 기울여야 할 외침이자 호소이며 요구입니다. 분노를 없애려면 분노의 목소리를 들어야 합니다. 분노는 우리가 어디로 가고 싶어 하는지를 알려주는 마음의 지도 역할을 할 때가 있습니다.

'죽도록 미운 당신에게.' 이 문장을 읽고 떠오르는 사람이 있습니까. 혹시 여러분에게 죽도록 미운 누군가가 있으신지요. 죽도록 미운 누군가에게 편지를 쓰는 자신의 모습을 상상해 보십시오. 죽도록 미운 사람에게 편지를 쓰는 것은 "미워해도 괜찮아"라는 자기 수용과 용서의 시작입니다. 미운 사람, 그리운 사람, 오랜 시간이 흘렀지만 아직 오해를 풀지 못했던 사람이 될 수도 있습니다. 이제 가장 먼저 떠오르는 사람에게 편지를 쓰십시오. 적당히 미운 사람을 골라도 괜찮습니다. 하고 싶은 말, 분노, 원망 등을 다 쏟아내도 괜찮습니다. 왜냐하면 이 편지는 아무에게도 보내지 않는 편지이기 때문입니다.

'보내지 않는 편지 쓰기'는 분노와 슬픔의 깊은 내적 정서를 표현하는 방법입니다. 보내지 않는 편지 쓰기는 지금까지 잠재워 두거나 외면한 감정들을 깨웁니다. 지금 이 순간 갑자기 어떤 일이 떠오른다면 이유가 있을 것입니다. 아직도 해명하지 못한 억울한 일, 민망하거나 미안한 일들이 떠오르시나요. 이런 일들을 기억해 보면 내가 주로 어떤 부분에 민감하고 어떤 일에 상처받는지 알 수 있습니다.

보내지 않는 편지 쓰기는 '대화 기법 글쓰기'와 달리 일방적인 의사소통입니다. 중간에 방해를 받거나 토론을 하지 않고 글을 쓸 수 있습니다. 편지글은 말하듯 쓸 수 있는 가장 편한 글쓰기 중 하나입니다. 상대가 내 앞에 있다고 상상하면서, 그에게 말을 걸듯 쓰는 것이 잘 쓰는 요령입니다. 부정적인 감정의 찌꺼기들을 버리고 나면 의미 있는 의사소통의 길이 보입니다.

누군가를 미워하는 마음을 가지고 하루하루를 살아간다는 것은 참 힘든 일입니다. 또 미워하는 감정이 내 안에 존재하는지 의식조차 못 하는 삶은 더 괴롭습니다. 우린 감정을 토로해야 합니다. 무의식을 의식화하지 않으면 무의식이 우리 삶의 방향을 결정하게 됩니다. 우리는 바로 이런 것을 운명이라고 부르고 포기하는 경향이 있습니다. 인생의 주도권을 놓아버리는 것이지요. 우린 무의식을 의식화해야 합니다. 내가 어떤 감정 때문에 힘들다는 것을 아는 것과 그렇지 않은 것과는 큰 차이가 있습니다.

누가 미운지 알게 되면 그 이유도 곧 찾을 수 있고 원인을 찾으면 대처할 방법도 마련할 수 있습니다. 미움과 사랑은 동전의 양면인 듯합니다. 어쩌면 내가 쓴 편지의 대상은 내가 화해하기를, 사랑하기를 죽도록 원했던 상대일 수도 있습니다.

어느 정도 시간이 흐르고 난 뒤 자신이 쓴 보내지 않은 편지의 답장을 써 보십시오. 내가 미워했던 그가 돼서 나에게 편지를 쓰는 일종의 역할 바꾸기 글쓰기라고 할 수 있습니다. 다른 사람의 입장에 서서, 다른 사람으로부터 자신에게 보내는 편지를 쓸 수도 있습니다. 보내지 않는 편지는 아무도 해치거나 상처 주지 않습니다.

마음 글쓰기

1. '죽도록 미운 당신에게'란 문장을 읽고 떠오르는 사람이 있다면 그 사람에게 편지를 쓰십시오. 이 편지는 아무에게도 보내지 않고, 아무도 보지 못하는 편지입니다. 마음속의 하고 싶은 말을 거침없이 쏟아 놓으세요.

39

슬픔이 위로를 만나면
행복이 될 수 있어요

감정을 다스리는 글쓰기 ①

사랑하는 사람이 사라졌습니다. 그들의 부재로 여전히 상처를 받습니다. 우리 주위엔 생각보다 많은 사람이 상실의 아픔을 안고 살아갑니다. 상실을 경험한 이들에게 어떤 말이 위로가 될 수 있을까요. 그동안 했던 위로의 말이 상처가 되지는 않았는지 돌아볼 필요가 있습니다.

백혈병과 뇌종양으로 어린 두 자녀를 3개월 사이에 잃은 K 집사님은 장례식장에 오신 목사님이 "하나님은 감당할 만한 시련을 주신다"고 말했을 때 "목사님이 감당할 수 있으면 한번 감당해 보세요"라고 말하고 싶었지만 꾹 참았다고 말했습니다. 아이가 투병하는 동안 주위에서 "집사님의 신앙생활을 더 잘하게 하시려는 하나님의 뜻", "하나님께서 더 크게 쓰시기 위해", "혹시 하나님 앞에 회개하지 않은 죄가 있나 돌아보세요", "하나님이 더 크고 놀라운 것을 주실 거예요"라는 말을 들을 때 위로가 아닌 상처를 받았다고 합니다. 적합하지 않은 성경 구절을 전하는 예도 있습니다. 대표적인 사례가 "하나님은 견딜 만한 시련을 주신다"는 것입니다. 말씀 자체는 맞지만 사랑하는 가족을 잃은 사람에겐 위로가 되지 않습니다.

재난당한 가정을 찾아가 고상한 기도를 하려고 애쓰지 말고 있는 그대로 그들의 심정으로 기도하는 것이 위로일 것입니다. 함께 있어 주며 "힘내세요. 기도하겠습니다", "아무리 위로해 드릴 말을 찾아도 위로해 드릴 말씀이 없습니다"라고 말하는 편이 더 나을 것입니다.

슬픔이란 감정은 일반적으로 소중했던 뭔가를 잃어버렸을 때 느끼는 상실감의 표현입니다. 돈을 잃어버리거나 실직을 당하거나 시험에서 실패했을 때도 슬프지만, 사별로 인한 슬픔은 말할 수 없이 깊고 큽니다. 사별 이후 겪는 슬픔은 단순히 'sad'(슬픔)가 아닌 'grief'(비탄)이며 죄책감, 후회, 수치심 등을 포함한 포괄적인 감정입니다.

슬픔 치유를 위해 '감정적 재배치'와 '공간적 재배치'가 필요합니다. 감정적 재배치란 슬픔이 삶을 압도하지 않도록 고인을 추모할 수 있는 감정적 '공간'을 두는 것입니다. 생각을 금하거나 심리적 연결고리를 끊는 것이 아니라 느슨하게 만드는 것입니다. 또 공간적 재배치가 필요합니다. 고인이 평소 좋아했던 장소, 또는 가까운 박물관, 카페 등에 고인을 추모할 만한 장소를 두는 것입니다. 이 장소에서 슬픔과 기쁨, 눈물과 웃음, 감사와 후회를 경험하다 보면 슬픔은 서서히 치유될 것입니다.

신비롭게도 슬픔이 위로를 만난 순간 다른 감정으로 전환될 수 있습니다. 2015년 개봉된 영화 '인사이드 아웃'은 슬픔이 위로를 만날 때 행복으로 전환되는 '공감의 원리'를 잘 담아낸 사례입니다. '인사이드 아웃'은 11살 소녀 라일리의 머릿속 감정 제어 본부에서 일하는 기쁨, 슬픔, 버럭, 까칠, 소심이란 5가지 감정이 낯선 환경에서 힘든 시간을 보내는 라일리에게 행복을 찾아 주는 애니메이션입니다. 극 중에서 가출한 라일리를 돌아오게 한 것은 다름 아닌 슬픔에서 비롯된 추억이었습니다. 하키 경기에서 진 라일리가 슬퍼하고 있을 때 가족들이 감싸 주고 위로해 주자 슬픈 감정이 행복한 감정으로 전환된 기억이 떠올랐습니다. 슬펐던 순간이 행복한 기억으로 형성된 것입니다.

견딜 수 없이 힘든 감정에 빠졌을 때 과거 가장 행복했던 순간을 기억해 보십시오. 물론 훈련이 필요합니다. 먼저 '긍정적인 정서의 기억'(마음 글쓰기 참조)을 기록해 보십시오. 그 기록을 읽어 보시고 잠시 묵상하십시오. 심장박동이 느려지고 호흡이 편안해질 것입니다. 기억의 저장고에서 행복했던 기억을 건져 올리는 것입니다. 마치 암실에서 사진을 인화하듯 선명했던 기억이 떠오르듯 말입니다.

과거에 경험했던 '긍정적인 정서의 기억'을 세밀하게 기록해 보십시오. 어린 시절의 기억도 좋고 며칠 전 일도 좋습니다. 예를 들어 상 받을 때 느꼈던 흥분된 감정보다는 공원 벤치에서 햇살을 맞으며 쉴 때 느꼈던 평범한 감정이 더 효과적입니다.

기억의 세부 사항을 기록하는 것은 그 기억으로 가는 '심리적 지름길'을 만들어 놓는 것입니다. 잠시 견딜 수 없이 힘들 때 어떤 느낌이 드는지 생각해 보세요. 그다음, 긍정적인 정서의 기록을 읽어 보세요. 이를 몇 번씩 반복해 보십시오.

다시 불안한 감정이 들 때 '긍정적인 정서의 기억'을 떠올리고 그 문장을 떠올리십시오. 그러면 부정적 감정과 긍정적 감정 사이에 다리가 연결됩니다. 부정적 감정은 긍정적 기억으로, 긍정의 감정으로 바뀔 것입니다. 아래 예시와 같이 긍정적인 정서의 순간을 포착해 세밀하게 기록해 보십시오.

마음 글쓰기

1. 긍정적인 정서의 기억을 기록하세요.

나는 ○○한 좋은 감정을 느꼈던 것을 기억한다.

나는 ○○에 있었고 ○○을 봤던 것을 기억한다.

그때 내 인생에서 ○○를 하고 있을 때였다.

나는 절대로 그때 당시의 ○○를 잊지 못할 것이다.

예) 나는 겨울 수목원에서 좋은 감정을 느꼈던 것을 기억한다.
　　나는 폭설이 내리는 수목원 한가운데 있었고 사방이 설원으로 뒤덮인 산하를 바라봤던 것을 기억한다.
　　그때 내 인생에 쉼을 취하고 있을 때였다.
　　나는 그때 당시의 수목원 풍경을 잊지 못할 것이다.

40

맑은 마음을 갖고 싶다면 긍정적인 생각을 더 많이 하세요

감정을 다스리는 글쓰기 ②

상대방의 의미 없는 말이나 행동에 상처받을 때가 있습니다. 사소한 말 한마디가 관계를 악화시키기도 하고 누군가에게 상처를 주기도 합니다. 살아가면서 상처를 안 받을 수는 없습니다. 그러나 상처받지 않는 방법이 있습니다. 말도 안 되는 이야기같이 들리겠지만 그것은 상처받지 않기로 결단하는 것입니다. 상처를 일으키는 사건을 나와 관련 있는 문제로 받아들이고 마음이 상할 것인지, 거부할 것인지를 선택할 권리는 나 자신에게 있습니다.

어떤 일이 우리에게 상처를 주는가는 상처받는 사람에 의해 결정됩니다. '누군가 나에게 상처를 주는 행위를 했다'가 아니라 '그 행위 때문에 나의 가치가 땅에 떨어진 것 같은 감정을 느꼈다'가 원인이기 때문입니다.

"내가 내 마음을 움직일 수가 없다"고 호소하는 이들에게 "감정에 강요당해 어쩔 수 없이 행동해야 하는 예는 없다"고 말해 주고 싶습니다. 왜냐하면 모든 행동은 스스로 결정하기 때문입니다. 감정이 괜찮아질 때까지 기다리는 것이 아니라 '상처받지 않기'를 선택하는 것입니다. 내 마음의 평화를 그 사람이 흔들지 못하게 하겠다고 선언해 보십시오. 그럼 그 사람의 존재는 아주 작아집니다.

현대인이 행복하지 못한 이유는 모든 사람에게 사랑받고자 하는 인정 욕구 때문인 듯합니다. 타인에게 인정받으려는 욕구는 분명 우리를 성장시키지만, 열등감에서 시작돼 자신을 확인하는 수단으로 사용된다면 삶의 만족을 얻을 수 없습니다. 용기의 심리학자 알프레드 아들러는 타인의 기대에 부응하지 않겠다고 결심하면 진정으로 자유로워질 수 있다고 말합니다. 반면 기꺼이 상처받을 각오를 해야 하는 것이 인생이며 인생에 놓인 문제를 직시할 용기가 있다면 더 상처를 받지 않을 것이라고 합니다. 누군가에게 미움을 받아도 상관없다는 용기를 내 보라는 것이지요. 철학자 헤겔은 '마음의 문을 여는 손잡이는 안쪽에만 달려 있다'고 했습니다. 더 상처받고 싶지 않다면 꽁꽁 닫아 둔 마음의 문을 열고 말하십시오. 지금 내 마음이 아프다고.

그리고 긍정적인 생각을 더 많이 하십시오. 심리학자 마틴 셀리그먼은 저서 '긍정의 심리학'에서 부정적 과거의 기억에서 벗어나는 방법으로 감사를 제안했습니다. 그에 따르면 감사하는 마음은 생활의 만족도를 높여 주고 좋은 일에 대한 기억을 자주 떠올리게 해 긍정적인 감정을 되살려 준다고 합니다. 상처에서 벗어나는 방법도 이와 비슷합니다. 머릿속에 존중받았던 기억, 사랑받았던 기억이 차지하는 자리가 점점 커진다면 마음의 상처가 괴롭히는 일도 점점 줄어들 것입니다. 감사를 넘치게 하면 마음속 탁한 감정이 흘러넘칩니다. 좋은 생각을 더 많이 해 부정적인 생각이 흘러가게 만드는 것입니다.

우리 마음에 원망 불평 불신 낙담 좌절 절망 등이 담기면 심령은 흐려집니다. 탁해진 심령은 곧 주님을 볼 수 없는 고립을 의미합니다. 그래서 주님은 우리에게 감사를 주셨습니다. 사소한 것에 감사함을 시작으로 범사에 감사함에 이르면 선한 양심이 살아나고, 선한 양심이 살아나면 상황과 사람이 재해석됩니다. 재해석, 그것은 곧 주님과의 관계 회복을 의미합니다.

> "감사로 제사를 드리는 자가 나를 영화롭게 하나니 그의 행위를 옳게 하는 자에게 내가 하나님의 구원을 보이리라."(시 50:23)

감사가 넘치면 혼탁해진 우리의 심령이 정결한 심령으로 회복될 것입니다.

마음 글쓰기

1. 영성을 회복하기 위해서는 존재의 모든 조건을 긍정하고 감사하는 삶을 살아야 합니다. 오늘 하루 있었던 일 중 세 가지 감사 목록을 써 보세요. 매일 감사 리스트를 써 보세요.

41

지금 내 감정의 색깔은 무엇인가요

감정을 다스리는 글쓰기 ③

사람들은 화가 날 때 '뚜껑이 열린다'는 표현을 종종 씁니다. 왜 하필 '뚜껑'이란 표현을 썼을까요. 끓는 주전자의 뚜껑이 열리듯 감정도 비등점이 지나면 밖으로 튀어나오기 때문입니다. 이때가 가장 위험한 순간입니다. 뚜껑이 열리는 데는 확실한 이유가 있습니다. 주전자 안에 뭔가 끓고 있기 때문입니다. 우리 감정이 주전자 안에서 끓도록 내버려 둬선 안 됩니다.

감정에는 동전의 양면처럼 짝을 이루는 감정이 있습니다. '원심력 감정'과 '구심력 감정'입니다. 원심력 감정은 상대방을 향한 감정으로 분노, 미움 등입니다. 구심력 감정은 자신을 향한 감정으로 불안, 염려, 수치심 등입니다. 보통 친밀한 관계 욕구가 충족되지 않을 때 원심력 감정인 분노가 발생합니다. 이때 구심력 감정인 불안, 염려, 수치심 등이 주전자 안에 끓게 됩니다. 이때 주전자 안의 감정(불안, 염려, 수치심)을 상대에게 이야기할 수 있을 때 분노를 조절할 수 있습니다. 그러나 주전자 안의 감정을 숨기고 억누른다면 분노는 폭발해 돌이킬 수 없는 상황이 될 수도 있습니다.

왜 그런 감정이 튀어나왔는지 알려면 뚜껑이 열린 주전자 안을 살펴봐야 합니다. 내가 현재 느끼는 감정의 온도, 색깔, 냄새를 자각하십시오. 부정적인 감정은 피할수록 커지지만 정면으로 맞서면 작아집니다. 실패에 대한 두려움, 성격적 결함, 배신의 상처, 용서가 안 되는 일, 나에 대한 다른 사람들의 부정적인 평가, 죽음에 대한 두려움 등의 감정들은 직면하면 작아집니다.

그런 의미에서 치명적인 주제에 대해 자기 생각을 말하는 것도 의미 있습니다. 지금 눈앞에 알코올, 일, 돈, 이별, 욕망, 질투, 가족, 친구라고 쓴 카드가 있다고 생각해 보세요. 이 중 하나의 카드를 선택해 글을 쓰기 시작하십시오. 오래 생각하지 말고 선택 후 바로 써 내려가십시오. 이별에 대해 정리가 덜 된 이야기가 있다면 이별에 대해 써 내려가십시오. 누구에게도 말하지 못한 가족에 관한 이야기가 있다면 주저하지 말고 가족에 관한 이야기를 쓰기 시작하십시오. 이 외에도 카드에 적힌 키워드들은 기억의 뿌리를 건드려 줄 것입니다.

글을 쓰고 난 후 심호흡을 하고 잠시 묵상하십시오. 그리고 지금 마음속에 강물이 흐르고 있다고 상상해 보세요. 강물은 머리와 가슴을 거쳐 몸 밖으로 흘러가고 있습니다. 지금 느끼고 있는 감정을 강물에 흘려보내세요. 한 번 더 반복해서 생각하십시오.

절망과 고통의 시간을 견디는 방법은 사람마다 다릅니다. 뭔가를 간절히 원할 때 도움을 구하는 방법도 다릅니다. 하지만 해답은 먼 곳에 있지 않습니다. 자신의 감정을 글로 옮기기 위해 종이와 펜을 준비하는 것이 영혼의 문을 여는 열쇠가 될 것입니다.

감정은 겉으로 보기에 정확한 윤곽은 없습니다. 그렇다고 모호한 것도 아닙니다. 기쁨이란 감정을 주황색으로 상상하든 자주색으로 상상하든 중요한 것은 감정이 느껴질 때 그 감정을 인식하는 것입니다. '아, 내가 지금 기쁜 감정을 느끼는구나', '두려운 감정을 느끼고 있구나' 하고 자각하는 것이 중요합니다.

막연한 불안감 때문에 하루 종일 마음이 불편할 때가 있나요? 머릿속에서 맴돌거나 마음에 떠오르는 무형의 생각을 글로 표현해 보세요. 자신의 감정이 명료화되면 불안감이 줄어듭니다.

예를 들어 "나는 지금 어떤 일이 일어날 것만 같다. 그래서 ○○한 감정이 든다. 왜 그 일이 일어날 것 같냐면 과거에 ○○한 일이 있었고, 그때 ○○한 일이 발생했기 때문이다. ○○가 일어난다면, 틀림없이 ○○하고 ○○하게 될 것이기 때문에, 나는 지금 ○○하고 ○○하게 느낀다."

이 기록을 잠시 뒤에 다시 읽고, 자신의 생각에 대한 반론을 써 보세요. "내가 ○○가 일어날 것이라고 생각했는데, 사실 그게 일어날 가능성은 희박하다. 그리고 ○○은 나의 ○○ 경험에 의해 느꼈던 것이었지, 그것이 객관적인 사실은 아니었다." 과거의 부정적인 경험이 불안의 스위치를 작동시켰을 때, 이 기록을 읽어보십시오.

마음 글쓰기

1. 평소 자주 또는 강하게 느껴지는 정서(감정)가 있다면 그 이름을 적어 보세요. 그 감정이 일어나는 생각의 과정을 써 보세요. 그 감정을 느낄 때 함께 느껴지는 색깔이나 이미지 그리고 표정, 소음 등이 있다면 써 보세요. 또 감정을 느낄 때 일어나는 신체적인 현상을 기록해 보세요. 자신의 정서를 거리를 두고 바라볼 수 있게 된다면 그 정서가 정확히 어떤 것인지 알 수 있습니다. 자신이 느끼는 감정에 이름을 지어 확인하는 것은 정서 조절에 강력한 도움을 줍니다.

정서(감정)

42

나에게 너그러워지세요

감정을 다스리는 글쓰기 ④

인생은 늘 빛날 수 없습니다. 너그러움, 자기 자비는 삶의 좌절을 성공적으로 견디는 중요한 열쇠입니다. '나에게 너그러워지기'란 문장을 처음 읽었을 때 약간의 거부감을 느꼈다면 당신은 완벽주의자일 가능성이 큽니다. 다른 사람에겐 관대하지만, 자신의 실수에 대해서 엄격한 잣대로 평가하는 사람 말입니다. 완벽주의는 스스로 안전하게 느끼는 방식입니다. 완벽주의자에겐 자기 비난의 패턴이 있습니다. 실수하거나 문제를 해결하지 못하면 습관적으로 자신을 비난하며 괴로워하는 감정의 악순환에 빠지곤 합니다.

'자기 자비(self-compassion)' 연구자로 알려진 미국 텍사스대학 크리스틴 네프 교수는 "완벽주의자는 자신에게 친절해지는 법을 배우지 않으면 우울증에 걸리기 쉽다. 높은 기준을 세우는 것이 잘

못된 것이 아니라 자신이 세운 기준에 도달하지 못했다고 자책하는 것이 문제"라고 말합니다. 그가 말하는 자기 자비란 실패나 좌절, 고통을 당할 때 자신을 비난하는 대신 돌봐 주고 친절하게 토닥여 주는 '너그러움'입니다. 힘들어하는 누군가에게 친절을 베풀듯이 자신을 너그럽고 자애롭게 대하는 태도입니다.

심리학자들은 자기 자비는 자존감보다 더 건강한 힘을 갖고 있다고 말합니다. 지난 10여 년간 한국 사회에서 중시된 가치 중 하나는 자존감이었습니다. 사람들은 모든 심리적 문제의 원인이 낮은 자존감이며, 높은 자존감을 갖게 되면 문제가 해결될 거라고 믿는 경향이 있습니다. 자존감을 높이는 다양한 방법을 제안한 심리학 서적들도 많이 출간됐습니다. 2000년대 이후 출판된 서적 중 연관된 제목의 책이 200권이 넘습니다. 진학과 취업, 결혼, 육아에 이르는 삶의 전 단계에서 극심해진 경쟁으로부터 개인의 정신건강을 지키려는 반작용이기도 합니다.

심리학자들은 자존감에 대해 오랜 시간 연구해 왔습니다. 지금까지 내려진 큰 결론은 '자기 자신'과 '자신이 처한 삶의 환경'을 바라보는 태도를 바꾸지 않은 채 자존감만을 상승시키려는 시도는 별로 효과가 없다는 것입니다. 자신에게 너그러워지는 것이 높은 자존감보다 좌절을 막는 데 더 효과적이란 연구 보고도 있습니다.

자존감은 주로 타인과 나 자신을 비교할 때 나타납니다. 자기 자비는 타인에 빗대지 않고 자신을 온전히 바라보는 개념입니다. 자기 자비는 자신의 가치를 깨달아 자신을 진심으로 아끼고 문제를 극복할 수 있게 해 줍니다. 자기 자비를 지닌 사람은 실수를 평가하기보다 인간적으로 공감하고 이해합니다. 누구나 실패할 수 있다고 여깁니다. 너그러움, 자기 자비는 삶의 좌절을 성공적으로 견디는 데 중요한 열쇠가 됩니다. 자신에 대해 친절하고 너그러운 사람들은 그렇지 않은 사람들에 비해 부정적인 정서를 빨리 극복하고 회복합니다. 자기 자비 태도를 가진 리더가 있는 그룹의 성과도 높습니다.

우린 살면서 수많은 실수와 실패를 경험합니다. 원하는 만큼 성취하지 못할 때도 많습니다. 시험을 망쳤을 때, 직장에서 실수했을 때, 입사 시험에 떨어졌을 때 스스로 어떤 말을 해 왔는지 곰곰이 생각해 보십시오. 기대했던 시험에서 떨어질 수도 있고, 아무리 노력해도 인간관계가 잘 풀리지 않을 수도 있습니다. 내가 잘했든 못했든, 시험에 붙었든 떨어졌든, 연애가 잘되든 아니든 상관없이 나를 좋아하는 것이 자기 자비의 태도입니다.

치열한 경쟁으로 스트레스를 받는 청년들, 실패를 용납하지 않는 사회 분위기 속에서 완벽주의를 추구하는 청년들, 꿈조차 꾸기 힘든 청년들에게 '자기 자비의 시간'을 권하고 싶습니다. 나 자신이 멋지지 않고 사랑스럽지 않을 때조차, 아니 그럴 때일수록 더욱 나를 잘 돌볼 수 있도록 '나에 대한 너그러운 태도'를 가져 보십시오.

이것은 맹목적인 자존감 추구보다 더 우리 자신을 건강하게 지켜 줄 중요한 삶의 태도입니다. 친구에게 보내는 따뜻한 시선을 나에게도 보내고, 친구에게 할 법한 친절한 행동을 나에게도 하는 것입니다. 가까운 친구들이나 가족 직장동료들에게 이런 자기 자비의 격려를 듣는다면 효과는 배가될 것입니다. 내가 듣고 싶은 그 말은 누군가도 듣고 싶어 하는 말이란 것을 기억하십시오.

마음 글쓰기

1. 오늘 하루도 무사히 살아낸 나에게 어떤 말을 해 주고 싶나요.

43

우린 누군가에게 의미 있는 존재입니다

가능성을 발견하는 글쓰기 ①

절망의 순간에 죽음을 생각하는 사람들의 공통적인 대답은 "내 인생에서 더 이상 기대할 것이 없다. 살아야 할 이유가 없다"는 것입니다. 삶의 의미를 상실할 때 우린 마음의 병에 걸리기 쉽습니다. 우울증의 원인은 여러 가지지만 가장 근원적인 출발은 '나는 사랑(인정) 받지 못한다', '왜 사는지 모르겠다'는 두 가지 요인에서 시작됩니다.

삶의 의미와 목적은 우리의 삶을 이끕니다. 하지만 그 누구도 삶의 의미와 목적이 무엇인지 말해 주지 않습니다. 스스로 찾아야 합니다. 그것을 찾은 사람은 어떤 어려운 상황에서도 계속 성장할 수 있습니다. 프리드리히 니체의 말처럼 살아가야 할 이유가 있는 사람은 대부분 어떤 환경 속에서도 잘 견딜 수 있습니다.

정말 중요한 것은 우리가 '삶에 무엇을 기대하느냐'가 아닙니다. '삶이 우리에게 무엇을 기대하느냐'를 깨닫는 것입니다. 삶의 의미에 대한 질문을 중단하는 대신 삶으로부터 질문을 받는 자신에 대해 생각해 봐야 합니다. 자신에게 종종 물어볼 필요가 있습니다. '나는 지금 무엇을 위해서 이렇게 바쁜 거지?' 그리고 마음의 대답에 귀를 기울여야 합니다. 마음은 눈빛 하나에 상처받고 말 한마디에 흔들리지만, 신비로울 정도로 엄청난 힘을 갖고 있습니다. 자신을 보호하고 치유하는 힘이 있습니다.

'죽음의 수용소에서'를 쓴 정신의학자 빅터 프랭클은 제2차 세계대전 때 아우슈비츠 유대인 수용소에서 포로 생활을 하면서 인간은 비극적인 상황 속에서도 의미를 추구할 때 살아남을 수 있으며 인간 고유의 가치를 실현할 수 있다는 것을 확신했습니다. 이런 관찰을 토대로 그는 '의미 요법'으로 불리는 '로고테라피(Logotherapy)'를 창안했습니다. 환자 스스로 삶의 의미를 찾도록 도와주는 것을 과제로 삼습니다.

그는 수용소에서 비슷한 환경에 처한 사람 중 어떤 사람은 살아남고 어떤 사람은 죽는 것을 보고, 그 주된 이유가 무엇일까 생각했습니다. 신체와 직접적인 관계가 없었습니다. 몸이 건장한 것과 상관없이 앞으로 뭔가 의미 있는 일이 있다고 믿고 희망하는 사람은 살아남고, 절망하는 사람은 죽어간다는 것을 발견했습니다.

삶의 의미를 찾는 세 가지 방법이 있습니다. 첫째 '체험적 가치'를 통해서입니다. 누군가를 사랑하면 그 사랑을 받는 사람이 삶에 의미가 있을 수 있고, 그렇게 함으로써 우리 자신도 의미를 찾을 수 있게 됩니다. 둘째 '창조적 가치'를 통해서입니다. 무엇인가 의미 있는 행동을 하는 것입니다. 미술, 음악, 저술, 발명 등 창조적인 활동을 통해 삶이 의미 있게 되는 것입니다. 셋째 '태도적 가치'를 통해서입니다. 자비, 용맹, 유머 감각 같은 태도를 견지하는 데서 삶이 의미 있게 된다는 뜻입니다.

특히 고통에 대해 어떤 태도를 견지하는가 하는 것이 중요합니다. 고통을 당할 때 그 고통의 의미를 발견함으로써 고통을 의연하게 견뎌낼 힘을 얻게 됩니다. 삶에 목적이 있다면 고통과 시련에도 반드시 목적이 있습니다. 고통과 시련은 중립적입니다. 고통 그 자체는 결코 이로운 것이 아닙니다. 다만 고통 앞에서 우리가 어떻게 반응하느냐에 따라 삶의 성장과 퇴보가 결정됩니다.

우리는 수많은 '관계' 속에 살고 있습니다. 부부, 부모·자녀, 친구, 연인, 직장 동료 등. 이들과 인생의 대소사와 감정과 생각을 나누며 행복을 느낍니다. 속마음을 털어놓을 수 있는 지지 그룹이 있다면 심각한 질병으로 가는 것을 막을 수 있습니다. 김춘수의 시 '꽃'에서처럼 우리 누군가에게 의미 있는 존재가 되고 싶습니다. 아침에 눈을 뜨면 제일 먼저 생각나는 사람, 지쳐서 쓰러질 때 붙잡아 줄 사람, 슬퍼서 울고 싶을 때 아무 말 없이 어깨를 내어줄 사람, 깊은 고뇌에 빠져 괴로울 때 손을 잡아 줄 그런 사람이 있길 바라고 그런 사람이 되길 바랍니다.

마음 글쓰기

1. 소중한 가족들에게, 친구들에게 나는 어떤 존재가 되고 싶나요. 지금 떠오르는 장면을 글로 표현해 보세요.

44

매 순간 '삶의 의미'를 발견하고 싶다면 '블리스(Bliss)'하세요

가능성을 발견하는 글쓰기 ②

인간이 느끼는 최고의 행복을 '블리스(Bliss)'라고 합니다. 이는 더없는 기쁨, 천상의 기쁨, 지복(至福), 천복(天福) 등으로 번역되는 단어입니다. 블리스는 죽음에 대한 두려움을 극복했을 때 느낄 수 있는 감정이라고 합니다.

전문가들은 죽음에 대한 공포심은 죽음 이후 세계에 대한 무지함 때문이라며 죽음 이후 우리의 존재가 영원히 죽지 않고 하나님 안에 거할 수 있다는 것을 인식한다면 두려움은 해소될 수 있다고 말합니다. 죽음을 수용한 뒤 느껴지는 평온한 마음과 감사가 바로 블리스입니다.

인생의 아름다운 마무리란 무엇일까요. 그것은 이 땅을 떠날 때 사람들과 감정적인 화해를 하고 관계를 회복한 후 'say goodbye' 하는 것이 아닐까요.

누군가 "3일 후 당신이 죽는다면 지금 무엇을 하고 싶은가요?"라고 물을 때 하고 싶은 대답. 지금 그 일을 하면 행복할 것입니다. 우리는 평소에도 그렇게 살아야 합니다.

죽음에 임하는 태도에 따라서 행복의 질이 달라집니다. 죽음의 과정에서 겪는 온갖 슬픔과 고통을 모든 사람을 위해 대화의 소재로 기꺼이 내놓았던 사람이 있습니다. 1994년 77세의 나이에 루게릭병에 걸린 미국 브랜다이스 대학의 모리 슈워츠 교수입니다. 그는 자신의 병을 받아들이고, 이듬해 세상을 떠나는 순간까지 병상으로 찾아온 제자와 대화를 나누었습니다. 그의 제자 미치 앨봄이 병상에 있는 그를 매주 화요일마다 찾아가서 나눈 대화를 모은 책이 베스트셀러 '모리와 함께한 화요일'입니다.

그는 책에서 제자에게 이렇게 말합니다. "어떻게 죽어야 할지 배우게 되면 어떻게 살아야 할지도 배울 수 있다네. 죽음을 생각하는 것은 자신을 되돌아보는 진지한 자기반성이며, 그 같은 반성은 삶에 대해 더욱 겸허하고 진실한 자세를 갖게 한다는 것이지."

모리 슈워츠의 메시지는 명료합니다. '살아가는 법을 배우라. 그러면 죽는 법을 알게 된다.'

또 '자신의 몸이나 병에 지나치게 집착하지 말라'고 말합니다. 몸은 우리의 일부일 뿐 전체가 아닙니다. 인간이 위대한 이유는 몸이 있기 때문이 아니라 감정과 통찰력과 직관을 지녔기 때문입니다.

이외에 '항상 좋은 사람일 필요는 없다. 화가 나면 화를 내라', '

자신을 사랑하는 사람이 돼라', '타인의 도움을 부끄럽게 여기지 마라', '자신과 다른 사람을 용서하는 힘을 기르라' 등 매 순간 '삶의 의미'를 발견하라고 주문했습니다.

우리가 정말로 해서는 안 되는 일은 자기 자신을 쓸모없는 존재라고 생각하는 것입니다. 그런 생각 끝에는 좌절이 기다리고 있을 뿐입니다. 쓸모 있는 존재가 될 수 있는 자기 나름의 방법을 찾아야 합니다. 그리고 자신에게 친절한 사람이 돼야 합니다. 자신을 귀하게 여기면 자신에 대한 존경심을 통해 타인을 자기처럼 귀하게 여기는 방법을 배울 수 있습니다. 너무나 짧은 우리의 삶에서 행복은 소중합니다. 가능한 한 즐거움을 많이 느낄 수 있도록 마음을 열어 놓으십시오. 전혀 예상치 못할 때 뜻밖의 곳에서 행복은 우리를 기다리고 있습니다.

산책길에 만난 풀 한 포기, 꽃 한 송이, 저녁노을, 작은 성취에 기뻐하는 사람이 행복한 사람입니다. 소소한 일상에서 행복을 찾기 위해 '창조성과 영성'을 회복해야 합니다. 창조성은 영적인 힘에 뿌리를 내리고 있습니다. 영적인 깨달음은 세상을 새롭게 바라보게 합니다.

먼저 과거 시간을 돌아보며 찬란하게 빛났던 순간들을 기억해 보십시오. 그동안 살아오면서 가장 잘한 선택은 무엇이었는지, 가장 기억에 남는 여행은 언제였는지 기억해 보십시오. 글을 쓰는 시간이 묵상의 시간이 된다면 우리의 영적인 자아는 깨어날 것입니다.

마음 글쓰기

1. 내 생애 눈이 부시게 찬란했던 순간은 언제였나요.

2. 내 인생에 가장 마음에 들었던 선택은 무엇이었나요.

45

잃어버린 꿈을 찾으려면 '유년의 공간'을 기억하세요

생텍쥐페리의 '어린 왕자'는 어른과 아이들이 함께 읽는 아름다운 소설입니다. 심리학자 마리 루이제 폰 프란츠는 소설 속 어린 왕자가 생텍쥐페리의 마음속에 있는 내면 아이(inner child)를 형상화한 것이라고 말합니다. 여기서 말하는 내면 아이는 심리학에서 말하는, 상처받아 성장하지 못한 자아가 아니라 세상 풍파에 상처받기 이전의 본성, 동심을 의미하기도 합니다.

프란츠에 따르면 어린 왕자가 살던 '소행성'은 '유년의 공간'을 의미합니다. 이 작은 별에 피어 있는 '장미'는 '어머니'의 이미지이고 '활화산 두 개'는 '어머니의 가슴'을 표현한 것입니다. 따라서 어린 왕자의 여행은 어머니 즉, 사랑하는 존재로부터 떠나는 것이고 이 떠남을 통해 하나의 독립적인 존재로 성장한 후 다시 사랑하는 사람과 성숙한 관계를 맺기 위해 별로 귀환한다는 해석입니다. 성인 자아가 내면 아이를 돌봐 줄 때 '영원한 소년 원형상'이 지닌 창조성이 발현된다는 것이 프란츠의 관점입니다.

또 다른 관점에서 '어린 왕자'는 보아뱀을 삼킨 코끼리 그림을 마음의 눈으로 보는 법을 잃어버린 어른들에게 내면의 아이(동심)를 찾아 주는 이야기입니다. 어느 사막 한가운데에 불시착한 비행 조종사가 어린 왕자를 만나 나눈 대화를 성인이 된 '자아'와 어린 시절의 '자아' 간 대화로 재해석하면 예상치 못한 치유를 경험할 수 있습니다.

어린 왕자는 조종사에게 밑도 끝도 없이 양 한 마리만 그려 달라고 합니다. 어린 왕자는 조종사가 그린 보아뱀을 모자라 하지 않고 코끼리를 삼킨 보아뱀이라고 말해 성인 자아의 잃어버린 꿈, 동심을 환기해 줍니다. 또 어린 왕자가 여섯 개의 소행성을 방문하면서 만난 왕, 허영쟁이, 술꾼, 사업가, 점등인, 지리학자의 별은 아이의 눈으로 바라보는 어른들의 모습이기도 하지만 우리의 자아가 가지고 있는 여섯 가지 측면이기도 합니다. 우리는 어린 왕자를 따라 여행하며 자기 안에 있는 왕의 모습에서부터 지리학자의 모습에 이르기까지 살펴보면서 성숙한 존재로 변화해 갈 수 있습니다.

소설의 가장 아름다운 대목은 잠든 어린 왕자를 품에 안고 사막을 걸어가는 조종사의 모습입니다. 이는 내면 아이와 성인 아이가 하나가 돼 성장하는 모습을 상징합니다. 조종사(성인 자아)는 어린 왕자(내면 아이)가 바람이 한 번만 불어도 꺼져 버릴 수 있다고 여기며 안아 줍니다. 오래전 꿈을 알아봐 주는 자아를 발견한 것입니다.

"어린 왕자가 잠이 들어서, 나는 그를 품에 안고 다시 걷기 시작했다. 마음마저 따스해졌다. 부서지기 쉬운 보물을 안고 가는 것만 같았다. 나는 달빛이 비치는 어린 왕자의 창백한 이마와 감은 눈, 바람에 흔들리는 머리카락을 바라보며 생각했다. '눈에 보이는 건 껍질일 뿐이야, 가장 중요한 건 눈에 보이지 않는 거야.' 나는 어린 왕자가 더더욱 깨지기 쉬운 존재라는 생각을 했다. 이 등불을 보호해 주어야 한다. 바람이 한 번만 불어도 꺼져 버릴 수 있다. 그렇게 걸어간 끝에 동이 틀 무렵, 나는 우물을 발견했다."('어린 왕자' 중)

이제 상상해 보십시오. 인생을 돌아보면서 눈이 부시게 찬란했던 순간은 언제였나요. 가장 기억에 남은 여행이 언제였고 살아오면서 가장 잘한 선택은 무엇이라고 생각하십니까. 그 생각 끝에 상처받아 웅크린 채 울고 있는 어린 자아가 아니라 두려움에도 굴복하지 않고 타인을 사랑하는 나, 꿈을 이루지 못한다 해도 절대 실망하지 않고 전진하는 나를 만나게 될 것입니다.

어린 왕자가 사는 별의 이름은 '소행성 B-612'입니다. 소행성엔 세 개의 화산구와 양 한 마리가 들어갈 만한 종이 상자, 그리고 가시 네 개 달린 장미꽃 한 송이가 있습니다. 해 질 녘이면 어린 왕자가 앉아서 노을을 바라보던 작은 의자도 있습니다. 가끔 바오바브나무 씨앗이 바람에 날리면 어린 왕자는 거대한 바오바브 뿌리로 작은 별이 망가질까 봐 근심하며 나무의 싹을 제거하러 다니지요.

여러분의 마음에도 지금, 작은 별이 하나 떠돌고 있습니다. 오래도록 그 별이 있다는 것도 까맣게 잊고 있었지만, 나만의 소행성이 있습니다. 그 소행성의 이름을 한번 지어 보세요. 왜 그런 이름을 붙였는지, 소행성엔 무엇이 있는지 생각해 보십시오.

마음 글쓰기

1. 아득하게 느껴지는 어린 시절의 나를 소환해 보세요. 그리고 그 시절의 나와 대화를 나누는 글을 써 보세요.

    어린 시절 좋아했던 놀이는 무엇이었습니까.

    어린 시절 좋아했던 장소는 어디였습니까.

    어린 시절 가장 좋아했던 동화는 무엇입니까. 그 이유는 무엇인가요.

    어린 시절 별명은 무엇이었나요.

    어린 시절 꿈은 무엇이었나요.

46

절망을 넘어설 때마다
인생은 다시 시작됩니다

고난을 마주하는 글쓰기

~~~~~~~~~~~~~~~~~~~~~~~~~~~~~~~~~~

마른 나뭇가지가 드리워진 겨울의 돌담길 한구석에 흰 강아지 한 마리가 조그맣고 모락모락 김이 나는 똥을 눴습니다. 강아지똥입니다. 날아가던 참새가 "에구 더러워" 하며 지나갑니다. 소달구지에서 떨어진 흙덩이조차 "너는 똥 중에서도 가장 더러운 개똥"이라고 놀리자, 강아지똥은 서러워 울어버립니다. 미안해진 흙덩이가 강아지똥을 위로합니다. "하나님은 쓸데없는 물건은 하나도 만들지 않으셨어. 너도 꼭 무엇엔가 귀하게 쓰일 거야."

봄이 오자 강아지똥 옆에 조그맣게 민들레 싹이 텄습니다. 민들레는 자신이 꽃을 피우려면 비와 햇빛 외에 강아지똥의 도움이 필요하다고 속삭입니다. "너의 몸뚱이를 고스란히 녹여 내 몸 속으로 들어와야 해. 예쁜 꽃이 피게 하는 것은 바로 네가 하는 거야." 강아지똥은 벅차오르는 기쁨에 그만 민들레 싹을 꼭 껴안으며 "내가 거름이 돼 별처럼 고운 꽃이 피어난다면, 온몸을 녹여 네 살이 될게"라고 말합니다. 사흘 동안 긴 비가 내리고 강아지똥은 잘디잘게 부서져 활짝 핀 민들레꽃의 고운 향기가 됩니다.

아동문학가 권정생(1937~2007)의 동화 '강아지똥'의 줄거리입니다. 그는 작고 보잘것없는 것과 굴곡진 삶을 사는 이웃의 이야기를 가슴 뭉클하게 그려낸 작품으로 사랑받는 작가입니다. 그는 20대 전후로 얻은 폐결핵과 늑막염 등의 질병에 굴하지 않고 '하나님은 세상에 쓸데없는 것은 하나도 만들지 않으셨다'는 진리를 전하기 위해 아름다운 동화를 썼습니다. 가난과 질병의 고난은 그를 무너뜨리지 못했습니다. 오히려 고난은 민들레꽃을 피워낸 강아지똥처럼 그를 작가로 다시 태어나게 했습니다. 내면의 점점 커지는 빛, 기쁨을 사람들에게 알리기 위해 글을 썼습니다.

보통 고난과 역경이 창조적이고 위대한 인물을 만들어 낸다고 말합니다. 그러나 모든 시련 뒤에 창조적 회복이 이어진다고 말하기는 어렵습니다. 사람이 역경 후 성숙하고 창조적으로 변했다면, 그것은 고난 때문이 아니라 시련 앞에서 적극적으로 반응했기 때문일 것입니다. 즉 올바르게 싸웠으며 도덕적으로 극복했기 때문입니다.

우리의 성장은 바로 고난 앞에서 어떻게 반응하느냐에 달려 있습니다. 똑같은 비를 맞아도 가시나무를 자라게 하는 땅이 있고, 꽃을 피우고 열매를 맺게 하는 땅이 있습니다.

성경 시편에는 다윗이 자신의 아픔과 고통을 드러내는 탄원시가 많습니다. 탄원시의 형식을 살펴보면 먼저 처절하고 괴로운 자기 생각과 감정을 충분히 드러내 부르짖습니다.

"내가 아프고 심히 구부러졌으며 종일토록 슬픔 중에 다니나이다. 내 허리에 열기가 가득하고 내 살에 성한 곳이 없나이다. 내가 피곤하고 심히 상하였으매 마음이 불안하여 신음하나이다."(시 38편 6~8절)

그다음에는 하나님께 도움을 요청하고 자신을 지켜 주시고 구원하신 하나님을 오히려 찬양합니다.

"여호와여 내가 주를 바랐사오니 내 주 하나님이 내게 응답하시리이다. 내가 말하기를 두렵건대 그들이 나 때문에 기뻐하며 내가 실족할 때에 나를 향하여 스스로 교만할까 하였나이다. 내가 넘어지게 되었고 나의 근심이 항상 내 앞에 있사오니 내 죄악을 아뢰고 내 죄를 슬퍼함이니이다. 내 원수가 활발하며 강하고, 부당하게 나를 미워하는 자가 많으며 또 악으로 선을 대신하는 자들이 내가 선을 따른다는 것 때문에 나를 대적하나이다. 여호와여 나를 버리지 마소서 나의 하나님이여 나를 멀

리하지 마소서. 속히 나를 도우소서 주 나의 구원이시여."(시 38편 15~22절)

가난 우울 절망 슬픔 분노 등의 감정을 토로하고 내 안의 것을 다 비워 내면, 고통이 또 다른 에너지로 변할 수 있습니다. 그때 하나님께 도움을 요청하고 우리를 지켜 주시고 구원하신 하나님을 찬양할 수 있습니다.

절망을 넘어설 때마다 인생은 다시 시작됩니다. 지금 이 시각 육체적인 질병을 만나 가장 깊은 밤의 시간을 보내고 있는 사람들이 있다면 이런 이야기를 들려주고 싶습니다. 어떤 고난 속에도 우리의 인생을 주관하시는 그분이 계시다는 것을. 또한 그분의 손길을 느껴 위로를 얻으라고 말해 주고 싶습니다. 카메라로 밤하늘의 별을 촬영하기 위해서는 렌즈의 조리개를 열어 빛이 모이길 기다려야 합니다. 인생이 캄캄할 때 역시 마음의 조리개를 열어야 합니다. 인내하고 기다리면 우리를 위로해 주는 희미한 빛들이 모여 인생의 밤하늘을 밝혀 줄 것입니다.

마음 글쓰기

시편 38편 1~22절을 묵상한 후 시를 써 보길 권합니다. 구약시대 다윗의 마음이 돼 가난 우울 절망 슬픔 분노 등의 아픔을 토로하고 하나님께 도움을 요청하고 우리를 지켜 주시고 구원하신 하나님을 찬양하는 탄원시를 써 보십시오.

47

날 위해 기도하는 누군가 있으니 힘내요

고난을 이기는 글쓰기

~~~~~~~~~~~~~~~~~~~~~~~~~~~~~~~

온갖 역경 속에서 좌절하지 않고 꿋꿋하게 성장한 사람들의 공통점은 힘든 순간에 의지할 수 있는 누군가 한 사람이 있었다는 것입니다. 모두가 나를 버려도 그 사람은 나를 이해하고, 따뜻하게 안아 줄 거라 믿는 그런 사람 말입니다.

청소년 시절의 방황을 이겨내고 유럽 오페라 무대에서 인정받는 성악가가 된 한 지인은 "나의 삶 속에 감사하는 일들이 자꾸 생길 때 누군가 날 위해 기도하고 있다는 생각을 해요. 그 기도의 힘으로 지금까지 온 것 같아요"라고 말했습니다. 그에게 누군가 한 사람은 어머니였습니다. 그는 힘들 때면 어머니를 떠올렸고, 어머니가 좋아했던 찬양 '누군가 널 위해 기도하네'를 떠올렸다고 합니다. 자녀들은 대부분 어머니가 자신을 위해 기도하고 있다는 것을 알 때 힘을 얻습니다.

안타깝게도 종종 뉴스에서 성적 때문에, 왕따 때문에, 사업 실패로 목숨을 끊었다는 이야기를 접합니다. 그러나 그들에게 '너는 가치가 있으며 너를 아끼고 사랑한다'고 말하며 붙잡아 주는 단 한 명의 누군가가 있었다면 결과는 달랐을 것입니다. 고난을 겪는 사람에게 누군가 한 사람이 돼 주어야 합니다. 삶의 고비마다 나를 위해 누군가 기도해 주는 사람이 있다는 것을 안다면 어려운 시간을 잘 넘길 수 있을 것입니다. 현실요법의 창시자 윌리엄 글라서는 '두 사람이 서로 사랑하고, 서로 가치를 존중하는 관계'에 있는 사람을 키퍼슨(Key person · 핵심 인물)이라고 정의했습니다.

예기치 못한 고난과 위기를 당한 가족, 이웃을 어떻게 도울 수 있을까요. 심각한 정신적 충격을 받았을 땐 외부의 도움 없이 스스로 극복하기 어렵습니다. 보통 사람들은 위기를 만나면 '충격 단계'와 '갈등 단계'를 거쳐서 이성을 찾습니다. 충격을 받은 사람의 특징은 무감각해지고 결단력이 없으며 타인에게 신경을 못 쓰고 희망을 포기합니다. 충격에서 벗어나는 첫 번째 방법은 눈물로 감정의 독소를 다 쏟아 내는 것입니다. 이들을 도우려면 말로 설득하지 말고 손을 잡고 눈높이를 맞춘 기도를 해 주어야 합니다.

또 충격에서 벗어나 정신을 차리면 주로 가까운 사람에게 부정적인 이야기와 불평을 털어놓게 됩니다. 이를 이해하고 경청해 주는 것이 갈등 단계를 빨리 벗어나도록 돕는 것입니다. 갈등 단계를 돕는 방법은 깊은 관심을 갖고 돕고 있다는 것을 말하며 마음껏 감정을 털어놓을 수 있도록 분위기를 조성하는 것입니다.

인간은 고난을 통해 자신이 누구인지 알게 되고 성장합니다. 고난의 의미를 발견하려면 하나님께 전적으로 의존하는 눈물의 사람이 돼야 합니다. 비관론자가 되라는 말이 아니라 하나님을 가까이 해야 한다는 의미입니다. 눈물이 걷힌 맑아진 눈으로 하나님의 섭리와 계획을 바라볼 수 있기 때문입니다.

마음 글쓰기

1. '기억이 난다'로 시작해 '사랑하는 사람이 있다는 것을'로 끝나는 글을 써 보십시오.

    예) 기억이 난다.
    　　(내가 해고 통지를 받고 밤거리를 걸을 때)
    　　사랑하는 사람이 있다는 것을.

기억이 난다.

사랑하는 사람이 있다는 것을.

48

열두 개의 행복을 만들어 봐요

자연으로 돌아가는 글쓰기

"자세히 보아야 예쁘다/오래 보아야 사랑스럽다/너도 그렇다."

(나태주의 '풀꽃' 전문)

이 짧은 세 문장의 시로 많은 사람에게 위로와 용기를 전해 준 나태주 시인은 언론 인터뷰를 통해 시를 잘 쓰려면 마음이 중요하다고 말했습니다. 좋은 시를 쓰려면 먼저 사람의 감정 자체가 맑고 깨끗하고 선량해야 한다는 것입니다. 시를 표현하는 언어의 문제는 그다음이란 것입니다. 그는 이렇게 말했습니다.

> "시의 경우 우선 마음이 중요합니다. 정서라고도 합니다. 생선탕을 한다고 칩시다. 생선탕이 좋아지려면 생선의 물이 좋

아야 합니다. 깨끗하고 선도가 있고 질이 좋은 재료여야 합니다. 좋은 시를 쓰려면 먼저 감정 자체가 맑고 깨끗하고 선량해야 합니다. 시를 표현하는 언어의 문제는 그다음입니다. 생선 물이 안 좋은 상태에서 선도가 나쁜 재료를 갖고 조미료와 양념만으로 맛을 내려 하는 것이 문제입니다. 먼저 마음공부로 좋은 재료를 만드는 게 우선입니다."

'먼저 마음공부로 좋은 재료를 만들어야 한다'는 그의 말에 깊이 공감합니다. '자연으로 돌아가는 글쓰기'는 바로 그런 의미가 있습니다. 인간은 하나님이 창조하신 창조물 중 하나입니다. 우린 자연의 일부입니다. 우리가 자연의 일부임을 느끼며 세상을 바라보는 글쓰기가 바로 '자연으로 돌아가는 글쓰기'입니다.

자연을 관찰하고 내면을 응시하며 살아온 인디언들은 문자가 아니라 가슴에서 나오는 말을 더 신뢰했습니다. 이들은 어린 시절부터 사람들 앞에서 연설하는 법을 배웠습니다. 아메리카 인디언의 연설은 단순하고 시적이며 화살처럼 듣는 이의 가슴에 곧바로 날아와 꽂힙니다. 흰 눈밭에 피를 흘리며 죽어 간 새를 보는 것처럼 한 번 들으면 잊히지 않는 생생함이 있습니다.

감수성 풍부한 인디언들의 지혜가 담긴 글을 통해 마음을 움직이는 문장들을 배울 수 있습니다. 그들은 말을 할 때 신중하게 단어를 선택했고 가슴으로부터 분명하게 이야기했습니다. 광활한 대지를 자신들에게 팔라고 찾아온 백인들에게 "어떻게 공기를 사고 팔 수 있냐"고 말한 시애틀 추장(1786~1866)의 연설문입니다.

"우리가 어떻게 공기를 사고팔 수 있단 말인가? 부드러운 공기와 재잘거리는 시냇물을 우리가 어떻게 소유할 수 있으며 또한 소유하지도 않은 것을 어떻게 사고팔 수 있단 말인가? 우리는 대지의 일부분이며 대지는 우리의 일부분이다. 들꽃은 우리의 누이이고 순록과 말과 독수리는 우리의 형제. 강의 물결과 초원에 핀 꽃들의 수액, 조랑말의 땀과 인간의 땀은 모두 하나다. 모두가 같은 부족, 우리의 부족이다." 〈나는 왜 너가 아니고 나인가〉(더숲) 중)

인디언들은 달력을 만들 때 자연의 변화를 주제로 1년 열두 달의 이름을 정했다고 합니다. 부족마다 다르게 불렀지만 모두 자연의 변화에 친밀하게 반응했다는 것을 알 수 있습니다. 예를 들어 인디언 풍카족은 12월을 '무소유의 달', 주니족은 '태양이 북쪽으로 다시 여행을 시작하기 전, 휴식을 위해 남쪽 집으로 떠나는 달', 수족은 '나무껍질이 갈라지는 달'이라고 불렀습니다. 그들이 붙인 이름들은 왠지 내면을 돌아보게 만듭니다. 자연을 향한 창조성의 에너지가 움직이는 듯합니다.

1년 열두 달이 행복하려면 작은 것에서 느낄 수 있는 '영적 민감성'과 '감사하는 마음'이 필요합니다. 자연의 변화에 민감하고 영혼이 맑게 깨어 있을 때 우린 행복을 느낄 수 있습니다. 기도하는 중에 영적 민감성이 개발되고 민감한 사랑의 사람이 될 수 있습니다. 삶의 한가운데서 어떻게 자신의 영혼을 고요히 응시하느냐가 중요합니다. 스쳐 지나가면 아무런 의미 없는 나날도 모든 섭리 속에 은총을 발견하면 우린 행복해질 수 있습니다.

마음 글쓰기

1. 분주한 일상을 잠시 멈추고 지금 나는 어디쯤 서 있는지 주변을 돌아보십시오. 글쓰기와 함께 영적인 민감성을 깨우고 자신을 돌아보는 침묵의 시간을 가져 보시길 바랍니다. 그리고 인디언처럼 열두 달에 나만의 이름을 붙여 보십시오.

열두 달에 이름 붙이기

1월 (   )

2월 (   )

3월 (   )

4월 (   )

5월 (   )

6월 (   )

7월 (   )

8월 (   )

9월 (   )

10월 (   )

11월 (   )

12월 (   )

49

삶의 짐을 '갈대 상자'에 담아 보내요

묵상을 위한 글쓰기

~~~~~~~~~~~~~~~~~~

모세의 어머니 요게벳의 이름은 성경의 수많은 구절에서 딱 두 번 등장합니다. 100일도 안 된 아들을 갈대 상자에 넣어 떠나보내는 큰 사건에서도 요게벳의 이름은 '레위 여자', '그 여자'로만 나옵니다. 요게벳은 '여호와는 영광'이란 의미입니다. 모세를 떠나보낼 수밖에 없었던 요게벳의 심정을 생각해 본 적이 있으신가요. 성경에는 이에 대한 직접적 표현은 나오지 않습니다. 다만 "그 여자가 임신하여 아들을 낳으니 그가 잘생긴 것을 보고 석 달 동안 그를 숨겼으나 더 숨길 수 없게 되매 그를 위하여 갈대 상자를 가져다가 역청과 나무 진을 칠하고 아기를 거기 담아 나일강 가 갈대 사이에 두고"(출 2:2~3)라고 기록했습니다.

성경 구절엔 요게벳의 마음이 나타나 있지 않지만 우린 상상할 수 있습니다. 아이를 떠나보내려 갈대 상자를 만드는 그녀의 마음이 얼마나 많이 아팠을까요. 혹시 물이 샐까 두려워 역청과 나무 진을 바르는 그 손이 얼마나 떨렸을까요. 바로 요게벳이 어떤 마음이었을까란 질문에 대한 묵상이 글이 될 수 있습니다. CCM 가수 조찬미의 '요게벳의 노래'를 들어보신 적이 있으신가요? 염평안 전도사가 최에스더 사모가 쓴 '성경으로 키우는 엄마'의 에필로그 글을 인용해 쓴 노랫말입니다.

"작은 갈대 상자 물이 새지 않도록 역청과 나무 진을 칠하네. 어떤 맘이었을까 그녀의 두 눈엔 눈물이 흐르고 흘러. 동그란 눈으로 엄마를 보고 있는 아이와 입을 맞추고 상자를 덮고 강가에 띄우며 간절히 기도했겠지. 정처 없이 강물에 흔들흔들 흘러 내려 가는 그 상자를 보며, 눈을 감아도 보이는 아이와 눈을 맞추며 주저앉아 눈물을 흘렸겠지. 너의 삶의 참 주인, 너의 참 부모이신 하나님 그 손에 너의 삶을 맡긴다…."

노랫말을 읽을 때 어떤 마음이 들었나요. 이 곡을 만든 염 전도사는 아이가 셋이라고 합니다. 둘째와 셋째는 쌍둥이 자매인데 체중 1.5kg 미만의 미숙아로 태어났습니다. 폐가 덜 발달해 무호흡증을 일으키곤 했다네요. 그러면서도 아무 노력 없이 숨 쉬고 자라고, 살아가는 것이 모두 하나님의 은혜라는 걸 느꼈다고 합니다. '부모로서 아이들의 참 보호자, 주관자가 될 수 없구나' 하는 것도 깨달았다고 해요. 그런 마음이 '요게벳은 어떤 마음이었을까'란 질문을 하게 됐다고 합니다. 그래서 이 곡을 쓰게 된 것입니다.

갈대 상자에 역청과 나무 진을 바르는 일은 우리가 할 수 있는 일입니다. 그러나 갈대 상자를 강물에 내려놓은 후 우리가 할 수 있는 일은 아무것도 없습니다. 우리를 이끄는 주님의 손에 맡겨야 합니다.

갈대 상자를 상상해 보십시오. 지금 나의 갈대 상자엔 어떤 것이 들어 있습니까? 자녀에 대한 고민, 염려, 근심도 이 갈대 상자에 넣어 주님께 맡겨 주세요. 어떤 인생의 계획을 하고 있습니까. 어떤 마음의 고민을 하고 있습니까. 삶의 고통, 무거운 짐을 갈대 상자에 넣고 내려놓으십시오. 어떤 아픔, 어떤 마음인지 주님은 아실 것입니다.

마음 글쓰기

1. 요게벳은 어떤 마음이었을까를 묵상하며 글을 써 보길 권합니다. '요게벳의 노래' 가사 중 마음에 와닿는 문장으로 쓰기 시작해도 좋습니다.

부록

부록 1

대화 기법 글쓰기

우리는 살아가면서 비애, 슬픔, 외로움, 죄책감, 후회, 분노, 두려움의 감정을 느낍니다. 이런 감정의 고통은 심한 육체적 고통과 맞먹을 때도 있습니다. 그러나 사람들은 당면한 문제가 두려워 피하려 합니다. 문제가 저절로 사라지길 바랍니다. 심지어 보조적 수단으로 약물을 복용해 문제를 잊기도 합니다. 결과는 좋지 않습니다. 정신분석학자 칼 융은 "신경증이란 마땅히 겪어야 할 고통을 회피한 결과"라고 말합니다. 삶의 고통을 피하지 않고 직면할 때 우리는 성장할 수 있습니다.

부정적인 감정을 해결할 수 있는 첫걸음은 자신의 감정에 귀 기울이는 것입니다. 그 방법의 하나가 '대화 기법 글쓰기'입니다. 이 글쓰기 방법은 모든 사람이 대화하며 살아간다는 전제하에 도입, 인지행동치료에 효과적으로 사용되고 있습니다. 대화 기법 글쓰기는 자신을 성찰하고 타인의 처지를 이해하도록 돕습니다. 상대와 나의 대화를 통해 둘 사이의 역학관계도 파악할 수 있습니다. 막연한 부정적인 사고를 바꿀 수 있습니다. 상황을 예측하고 대비할 수 있습니다.

대화 기법 글쓰기의 가장 효과적인 방법은 당신을 깊이 사랑하는 누군가와 대화하는 형식으로 쓰는 것입니다. 대화 상대는 사람, 장소, 물건, 몸의 일부, 사건, 감정, 자기 자신 등 어떤 것이든 누구든 가능합니다.

대화 상대를 무엇으로 하든지 충분히 마음의 준비를 하는 시간이 필요합니다. 먼저 대화 상대와의 관계, 그 관계가 나에게 주는 느낌, 내가 물어보고 싶은 질문들, 내가 하고 싶은 말에 대해 생각해 보십시오. 그리고 연극 대본처럼 종이 위에 대화를 써 내려가십시오. 대화가 중단되면 잠시 눈을 감고 조용히 다음 질문이나 대답을 기다리십시오. 만약 기다려도 대화가 계속될 수 없다면 그때까지 쓴 것을 읽어보십시오.

사람과의 대화는 그 사람의 처지를 이해할 수 있게 도와줍니다. 슬픔, 고통, 죄책감, 두려움, 불확실한 열정 등 고통스러운 감정과의 대화는 부정적인 감정을 줄어들게 합니다. 물건과의 대화는 그 물건과 연결지어 생각하는 상징적 의미나 잠재적인 믿음을 발견하게 합니다. 만일 사람이 아닌 그 외의 것을 대화상대로 삼았다면 충분히 의인화하십시오. 상대를 사람으로 인식했을 때 동등한 관계가 이루어져 쉽게 대화를 나눌 수 있기 때문입니다.

미국의 작가이자 저널 치료사 캐슬린 애덤스는 '저널 치료'에서 9가지 대화 상대를 제시했습니다. 즉 사람과의 대화, 사건이나 상황과의 대화, 일과의 대화, 몸과의 대화, 사회와의 대화, 감정이나 느낌과의 대화, 물건이나 나의 소유물과의 대화, 저항이나 방해 요소와의 대화, 그리고 가장 중요한 '내면의 지혜자(하나님)'와의 대화입니다.

특히 하나님과의 대화는 치유 글쓰기를 하는 사람에게 주어지는 선물입니다. 많은 사람이 글을 쓰면서 내적 자유로움과 평안을 경험합니다. 대화를 시작하기 전, 묵상 속에서 자신의 감정을 그려 보고 바로 앞에 하나님이 계신다고 생각하십시오. "하나님 저예요. 저 요즘 너무 힘들어요. 인생의 해답을 찾을 수 없어 제 영혼이 너무 아파요"라고 대화를 시작해 보십시오. 내면의 지혜자인 하나님께선 "그래 잘 있었니. 한동안, 네 소식이 궁금했단다"라며 대화를 나눠 주실 것입니다.

대화 상대를 먼저 정한 후 하고 싶은 이야기를 쓰십시오. 강물처럼 흘러가는 생각에 자신을 맡기세요. 편지 형식으로 써도 좋습니다. 외로움, 원망의 생각, 분노의 감정, 절망감, 무너져 버린 꿈, 미움과 상처, 용서하고 싶지 않은 마음마저 다 적습니다. 그리고 여러 번 그 감정을 느끼며 읽어보십시오.

글을 쓸 때 주님이 옆에 계신다고 생각해도 좋고, 비록 지금은 볼 수 없지만 나를 이해해 주었던 과거의 누군가가 옆에 있다고 가정해도 좋습니다. 이렇게까지만 해도 감정의 흐름이 달라짐을 느낄 수 있습니다. 대화 상대는 사람, 장소, 감정, 자기 자신 등 어떤 것이든 누구든 가능합니다.

부록 2

순간 포착 글쓰기 기법

행복이란 지극히 주관적입니다. 행복이란 우리를 둘러싸고 있는 삶의 조건을 내가 어떻게 바라보느냐, 인생의 소소한 기쁨을 느낄 수 있느냐 없느냐에 좌우되는 듯합니다. 우리는 살면서 마음속에 영원히 붙잡아 두고 싶은 순간들이 있습니다. 그것은 사람마다 다르지만, 자녀가 태어났을 때의 감격, 우수에 젖게 하는 가을 낙엽, 감탄을 자아내게 하는 석양, 아이가 두발자전거를 처음 탈 때의 경이로움 등 수없이 많을 것입니다.

평범한 일상의 행복을 느낄 수 있는 사람이 행복한 사람입니다. 생애 행복했던 순간을 오랜 기억으로 남길 방법이 있습니다. '순간 포착 글쓰기'입니다. 카메라 셔터가 순간을 포착하듯 순간 포착 기법은 감격과 감동의 순간을 오랜 기간 보존할 수 있습니다. 이는 마치 사진을 찍을 때 찰나의 순간을 포착하는 것처럼, 머릿속에 떠오르는 상상이나 기억을 세밀하게 묘사하는 것입니다.

순간 포착 글쓰기는 카메라 셔터가 한순간을 포착하듯 삶의 영광과 고뇌, 평온과 슬픔, 기쁨과 고통의 순간을 오래 기억하게 합니다. 시공간 속에서 한순간의 소리, 광경, 냄새, 감정 등을 세밀하게 묘사할 수 있습니다. 마치 사진첩의 스냅사진처럼 소중한 기억을 보존하는 데 사용할 수 있습니다. 사진 한 장의 이미지가 오랫동안 기억에 남듯이 글도 그렇게 할 수 있습니다. 순간 포착을 위해서는 감각을 통해 느끼는 세밀한 것들에 집중해야 합니다. 릴케는 유모차 안의 잠든 아기의 모습을 이렇게 순간 포착했습니다.

"어린아이를 태운 유모차가 있었다. 토실토실 살이 오른 얼굴에는 연한 녹색이 감돌고 이마에는 눈에 띄게 큰 부스럼이 나 있었다. 부스럼은 거의 나아서 아프지는 않은 모양이었다. 어린아이는 입을 벌리고 자면서 요오드포름과 감자튀김 기름과 불안의 냄새가 가득 찬 공기를 들이마셨다. 달리 어떻게 할 수도 없다. 중요한 것은 살아 있다는 것이다. 그것이 무엇보다도 중요하다."(릴케의 '말테의 수기' 중)

순간 포착 글쓰기는 산문뿐 아니라 시 쓰기에도 유용합니다. 물론 시는 은유와 상징이 얼마나 잘 살아있느냐가 중요하지만 순간의 장면을 얼마나 잘 포착하느냐, 그 순간에 떠오르는 생각을 얼마나 잘 표현하느냐가 중요합니다. 감동했던 장면, 즐거웠던 순간들을 포착해 쓰고, 이미지가 연상되도록 그림을 그리듯 써 가면 한 편의 시가 만들어질 것입니다.

지금 당장 무엇을 써야 할지 떠오르지 않는다면 '내 인생의 감사 리스트'를 먼저 써 보길 추천합니다. 감사 리스트를 쓰고 그 상황을 떠올리게 하는 장면을 세밀하게 글로 묘사해 보세요.

지금 주위를 한번 둘러보고 눈에 들어오는 장면을 묘사해 보세요. 사진첩을 찾아 기억하고 싶은 순간의 사진을 골라 세밀하게 글로 옮겨 보세요.

부록 3

의식의 흐름 글쓰기

뇌과학에 따르면 두뇌는 휴식을 좋아합니다. 아무것도 안 하고 멍하니 있을 때, 두뇌는 어느 때보다 더 '활발히' 움직인다고 합니다. 휴식할 때 두뇌는 생각을 정리하고 결합하며, 각 영역을 연결합니다. 감정의 쓰레기 더미를 치우고, 새로운 아이디어를 만들며, 창조성을 발휘합니다. 창조적인 과업을 위해 두뇌를 쉬게 해 주는 것이 더 지혜로울 것 같습니다.

"지루함을 느낄 때 우리는 디폴트 모드라는 뇌의 신경 네트워크를 활성화한다. 여기서 독창적 아이디어가 떠오르기 때문에 어떤 과학자들은 이것을 '상상 네트워크'라고 부른다. 오랜 세월 예술가, 건축가, 모든 분야의 사상가들이 새로운 관점으로 자신을 둘러싼 세계를 바라보기 위해 제롬 싱어가 말한 긍정적이고 건설적인 몽상에 몰입했다."(마누시 조모로디의 '심심할수록 똑똑해진다' 중에서)

2001년 미국 워싱턴대학 마커스 라이클 교수는 흥미로운 실험을 통해 '디폴트 모드 네트워크(DMN)'란 개념을 발견했습니다. 우리가 '아무것도 안 할 때' 뇌가 활성화된다는 독특한 개념입니다. 예를 들면 잔디밭에 누워서 눈을 감고 있거나 멍하니 창밖을 바라보고 있을 때처럼 마음이 자유롭게 배회할 때 DMN이 활성화된다는 것이지요. 이곳은 문제를 해결하고 최상의 아이디어를 만들어 내는 마음의 영역이 됩니다. 자신을 평가하는 대신 있는 그대로의 자신을 바라보는 시간이 필요합니다.

글쓰기에도 두뇌를 쉬게 하는 '의식의 흐름 글쓰기'가 있습니다. 자기 생각이나 감정을 판단하지 않고, 문장을 평가하지 않으며, 떠오르는 대로 계속 써 내려가는 글쓰기입니다. 의식의 흐름(Stream of consciousness)은 미국의 심리학자 윌리엄 제임스가 1890년대에 처음 사용한 심리학의 개념이며 글쓰기 유형 중 하나입니다. 인간의 정신 속에 끊임없이 변하고 이어지는 주관적인 생각과 감각, 특히 주석 없이 설명해 나가는 문학적 기법으로 20세기 모더니즘 소설에 자주 사용됐습니다. 대표적인 작품으로 마르셀 프루스트의 '잃어버린 시간을 찾아서', 제임스 조이스의 '율리시스', 이상의 '날개', 버지니아 울프의 '등대로' 등이 있습니다. 작품들은 특별한 줄거리 없이 주인공의 의식의 흐름을 따라 이야기가 펼쳐집니다.

"생각에 잠기는 것, 글쎄, 생각에 잠기는 것도 아니었다. 말없이 있는 것, 홀로 있는 것, 모든 존재와 행위가 팽창하면서 반짝이고 시끌벅적하다가 흘러져 버린다."(버지니아 울프의 '등대로' 중)

글쓰기를 어렵게 느끼는 이유 중 하나는, 문장을 쓰면서 동시에 문장들을 어떻게 배치하고 일정한 인과 관계에 따라 조합할까를 고민하기 때문입니다. 그러나 의식의 흐름 글쓰기는 생각과 느낌이 떠오를 때 그저 그것들을 종이 위에 그대로 써내려 가면 됩니다. 글이 사고의 흐름을 따라가도록 내버려 두는 것입니다. 규칙은 스스로 검열하려고 하지 않고 쉬지 않고 계속해서 쓰는 것입니다. 철자, 문법, 문장 구조에 대한 걱정은 버리십시오. 머릿속에서 떠오르는 대로 써내려 갑니다. 비록 마음 내키는 대로 적은 결과물이지만 가공하면 하나의 주제가 있는 훌륭한 글이 될 수 있습니다.

의식의 흐름 글쓰기는 마음속 자동감지기(판단하고 평가하는 자기 검열)를 작동하지 못하게 할 수 있습니다. 글쓰기 치료에서는 어떤 것이 자신을 괴롭히고 있는데 그것이 무엇인지 알 수 없을 때, 이 글쓰기가 유용합니다. 이 글쓰기는 의식적 사고 과정을 흩트려서 유연하게 하는 것이 목적입니다. 이를 통해 개인적이고 영적인 시간을 가질 수 있습니다. 또 의식의 흐름 글쓰기는 일상생활에도 효과가 입증됐습니다. 스트레스가 너무 많을 때, 이런저런 생각이 너무 많을 때 도움이 됩니다. 특히 불면증에 효과가 있습니다. 잠이 안 오면 종이 한 장을 꺼내 생각나는 대로 써내려 가십시오. 그러면 신기하게도 꿀 같은 잠 속으로 빠져들게 됩니다.

먼저 타이머를 10분에 맞춰 주십시오. 10분 동안 의식의 흐름 글쓰기를 시도해 보십시오. 글을 쓰는 동안 그저 떠오르는 생각이나 느낌을 따라가십시오. 그냥 자신이 생각하고 있는 것을 검열이나 검토 없이 글로 쓰십시오. 아무 문장이나 쓰십시오. 각각의 문장은 인과 관계가 없어도 됩니다. 10분 동안 멈추지 않고 아주 빠르게 많이 쓰는 게 중요합니다. 형식이나 규칙은 무시하십시오.

의식의 흐름 글쓰기는 자기 비난의 장벽을 넘어서게 해 숨겨진 무의식과 만날 수 있습니다. 아무것도 인식하지 못한 채 글쓴이의 손이 메시지를 만들어 내는 것입니다. 다 쓴 후 읽어보십시오. 당신이 인식하지 못하거나 회피하고 있는 주제를 꿈속에서처럼 어렴풋이 바라볼 수 있습니다.

부록 4

3인칭 글쓰기

우리는 어쩌면 직장생활을 하면서 '적과 함께 사는 법'을 배워야 할지도 모르겠습니다. 월급도 맘에 들고, 하는 일도 좋지만, 나의 감정을 무시해 가슴을 답답하게 만드는 사람, 자신의 주장만을 관철하는 사람 때문에 직장생활이 괴로울 때가 있습니다.

'나는 왜 만날 당하고 사는 걸까.' 이렇게 생각하게 만드는 이들이 있습니까. 심리학에선 이들을 '심리 조정자'라고 부릅니다. 이들은 겉으론 상냥하고 예의 바르게 행동하지만 실제론 죄책감을 심어 주고 자존감을 망가뜨립니다. 친절의 가면을 쓰고 상대방을 자신의 주머니 속에 넣고 마음대로 주무르기도 합니다. 심리 조정자들의 특성이 있습니다. 상대를 배려하지 않고 희생시켜 자신의 개인적 목표를 이루는 것입니다. 또 자기가 한 말을 제멋대로 뒤집는가 하면 늘 불평을 일삼고 자꾸 타인의 잘못을 들춰냅니다.

이런 심리 조정자들로 인한 직장 내 스트레스 때문에 퇴사하는 경우도 예전보다 늘고 있습니다. 심지어 직장 상사의 업무 스타일 때문에 고통스러워하다가 '극단적인 선택'을 하는 경우도 발생하고 있어 너무나 안타깝습니다.

프랑스의 심리학자 크리스텔 프티콜랭은 15년 동안 인간관계에서 빚어지는 각종 심리 조정을 연구한 결과 심리 조정자의 일반적인 특징이 병적인 완벽주의, 편집증, 나르시시즘이란 것을 발견했습니다. 이런 종류의 사람은 꼭 직장에만 있는 것이 아닙니다. 가정에서는 가족이란 이름으로 희생을 강요합니다. 연인 사이라면 예속 관계를 동원하고, 친구 사이라면 우정을 앞세워 꼼짝 못 하게 만듭니다. 인간의 근본적인 죄성이 마음에 뿌리 깊이 내린, 마음이 완악한 사람들입니다.

문제는 피해자들의 대부분이 이타적이고 관대한 사람들이라는 점입니다. 순진하고 친절한 사람일수록 지배 관계에 쉽게 사로잡히는 경향이 있습니다. 너무나 많은 사람이 이런 인간관계에서 부지불식간에 희롱이나 지배를 당하면서 스트레스에 시달려 삶의 방향을 상실합니다. 그들에게 휘둘리지 않고 상처받지 않으려면 어떻게 해야 할까요.

자존감이 높을수록 타인에게 휘둘리지 않습니다. 가장 중요한 것은 자신을 신뢰하고 존중하는 것입니다. 자신에 대한 부정적인 인식이 비합리적인 사고를 유발하며 그 결과 현실 상황과 동떨어진 판단을 할 수 있습니다.

먼저 두려움을 무기로 장사하는 그들과 거래를 끊어야 합니다. 심리학자들은 심리 조정자들이 부당한 요구를 할 때 다음과 같은 말을 가볍게 입 밖으로 내뱉거나 속으로 되뇌면 도움이 된다고 충고합니다.

"그건 네 얘기지."
"그렇게 생각하는 건 당신 자유야."
"내가 그렇게 생각해야 한다는 법이라도 있나."

심리 조정자들을 '괴물'로 취급하기보다 나와 다른 독립된 개체로 거리 두기를 해야 합니다. 우리가 만나는 심리 조정자들은 비록 해를 끼치는 존재이지만 어쩌면 우리 자신을 제대로 알게 해 주는 실질적인 기회를 제공합니다. 그들을 통해 우리 자신을 지키고 사랑하는 방법을 배울 수 있으면 좋겠습니다.

3인칭 글쓰기는 자신이 겪은 감정적 사건이나 심리적 외상을 1인칭으로 서술하지 않고 다른 누군가에게 일어난 일을 바라보듯 3인칭으로 서술하는 글쓰기 기법입니다. 자신의 심리적 외상이나 스트레스를 바라보는 관점을 바꾸는 것은 문제 해결에 유익합니다. 격앙된 감정적 사건을 다른 각도에서 바라보게 해 줄 뿐 아니라 주제로부터 초연하게 해 줍니다.

자신이 경험한 감정적 사건을 3인칭 관점으로 써 보십시오. 다른 사람의 관점에서 글을 쓰기 위한 세 가지 방법을 제안합니다.

첫 번째는 관계 유지에 어려움을 겪게 한 '그 사람'의 관점에서 자신에 대해 인물 묘사를 하는 것입니다. 그 사람이 당신을 어떻게 생각하고 있는지, 당신은 어떤 인상을 주는지에 대해 새로운 점을 발견할 수 있습니다.

두 번째는 나를 사랑하는 사람의 관점에서 자신을 바라보며 쓰는 것입니다. 나를 응원해 주는 친구나 가족의 관점에서 쓰기 시작하십시오.

세 번째는 하나님의 관점에서 쓰는 것입니다. 나 자신이 양탄자의 한 가닥 실처럼 초라하고 보잘것없이 느껴질 때가 있습니다. 하지만 하나님의 관점에서 바라보면 나는 멋진 디자인의 양탄자 모습입니다. 하나님의 관점에서 나의 모습을 서술하십시오.

"벽걸이 양탄자의 형형색색 빛나는 실 한 가닥이 웅장한 디자인에 가려져 자신의 가치를 알지 못했을 뿐인데…. 자신의 삶이 가치 있는지 없는지 어떻게 안단 말인가 그건 사람의 눈으로 볼 수 없다네. 각자의 삶을 하나님의 눈으로 봐야 한다네."

(영화 이집트 왕자 OST '천국의 눈으로' 중)

부록 5

'아직은 아니야' 목록 쓰기

대부분 사람은 변화를 싫어합니다. 삶을 변화시킬 어떤 큰일을 앞두고 '아직은 아니야'라고 부정하며 지연시키려고 합니다. 예를 들어 좋아하는 일을 위해 직장에 사표 내기, 좋아하는 전문 분야를 더 많이 공부하기, 남극 여행의 꿈을 실현하기, 대중 앞에서 최고의 연설 하기, 소설 출판하기 등 평소 하고 싶은 일이 떠오를 때 '아직은 아니야'라고 말해본 경험이 있나요?

우린 하고 싶은 모든 일을 다 할 수 있는 시간을 가지고 태어났지만 그것이 우리가 영원히 살 수 있다는 뜻은 아닙니다. 우리는 유한한 존재입니다. 사람은 시간이 흐른 후에야 '아직은 아니야'라고 말했던 그때가 바로 몸을 움직여 앞으로 나아갈 순간이었음을 깨닫기도 합니다.

우리가 '아직은 아니야'란 생각에서 벗어나려면 그동안 생각만 하고 행동을 미뤄 왔던 목록을 만드는 일부터 시작하면 좋을 것 같습니다. '아직은 아니야'라고 생각하며 주저했던 목록을 작성해 보십시오.

'아직은 아니야' 목록은 해야 할 것과 잠시 접어 두거나 포기해야 할 것을 분명히 알게 합니다. 이루지 못한 꿈, 마무리하지 못한 일, 호기심을 가졌던 것들, 좋아하는 일과 내 힘으로 할 수 없었던 일 등이 얼마나 많을까요. 지금 아직은 아니야라고 생각하며 행동하기를 주저하는 목록을 작성해 보십시오.

'직장인은 가슴에 사표를 품고 산다'는 말이 있을 정도로 직장생활 중 퇴사 충동을 느끼는 직장인이 많다고 합니다. 이럴 때 '아직은 아니야' 목록을 쓰면 자신에게 무엇이 필요한지 알게 됩니다. 먼저 '아직은 아니야' 목록을 쓰고 난 후 그 일에 대한 긍정적인 측면, 부정적인 측면을 써 보세요. 그 일을 미루는 이유도 쓰세요. 그리고 '아직은 아니야' 목록을 실천하면 어떤 일이 일어날지도 쓰십시오.

망설임과 불안감 때문에 뒤로 미뤘던 일들과 그로 인해 손해 본 사례들을 쓰다 보면 삶에 전반적인 점검이 이뤄집니다. 일기가 그렇듯 자신의 삶이 통과해온 일을 줄기차게 기록하면 자신에 대한 새로운 이해에 이르게 됩니다. 자신도 몰랐던 의식의 심층까지 세심하게 관찰할 수 있는 시간이 이어집니다.

그 일을 미루는 이유에 대해 나열되는 구구한 변명에 얼굴이 뜨거워질 수도 있고, 만약 그 일을 한다면 무슨 일이 일어날까에 대해 쓰다 보면 의외로 쉽게 문제의 핵심에 다가설 수도 있습니다. 자신의 힘으로 도저히 할 수 없는 일을 해내지 못했다는 사실에 실망하고 아직은 아니야 하며 자책하며 시간을 보내기보다 할 수 없는 일은 '할 수 없다'고 선언하고 잊어버리는 태도도 필요합니다.

냉장고 안을 정리하듯 마음도 정리가 필요합니다. '아직은 아니야' 목록 쓰기는 어떤 일을 결정 못 해 마음이 혼란스러울 때, '마음의 길'을 찾기 위한 가장 효과적인 방법의 하나입니다.

특히 마음속 살피기, 문제 해결을 위한 브레인스토밍, 삶의 우선순위 정하기 등에 도움을 줍니다. 내면에 쌓인 불필요한 근심, 걱정, 염려를 비워 내면 평안을 누릴 수 있습니다. 내면의 삶이 단순 명료해지면 영적인 생활에 더 집중할 수 있습니다.

부록 6

징검다리 글쓰기

누구에게나 시간을 되돌릴 수 있다면 딱 한 번만이라도 돌아가고 싶은 순간이 있을 것입니다. 반면 '그때 그 일이 일어나지 않았다면 내 인생이 이렇게 꼬이지 않았을 것'이라고 생각할 때도 있겠지요. 그때로 돌아가면 그 상황을 피할 수 있을 것 같지만, 지난날의 일은 되돌릴 수가 없습니다. 그러나 과거가 현재 나에게 미치는 영향은 바꿀 수 있습니다. 과거의 사건은 되돌릴 수 없지만 삶을 바꿀 수 있는 힘이 내 안에 있기 때문이지요.

그 힘은 지난 시간을 해석하는 관점에서 나옵니다. 삶을 어떻게 바라보느냐에 따라 인생이 달라집니다. 유안진 시인은 '살아온 세월이 아름다워'란 시에서 걸어온 길에는 소중한 이야깃거리가 있어 살아온 세월이 아름다웠다고 노래합니다.

"살아온 세월은 아름다웠다고/ 비로소 가만가만 끄덕이고 싶습니다.… 길지도 짧지도 않았으나/ 걸어온 길에는/ 그립게 찍혀진 발자국들도 소중하고/ 영원한 느낌표가 되어 주는 사람과/ 얘깃거리도 있었노라고."

우리에게도 세월이 남긴 발자국이 있습니다. 잠시 눈을 감고 물살이 잔잔한 시냇가 앞에 서 있다고 상상해 보십시오. 시냇가에는 듬성듬성 돌덩이들이 놓여 있습니다. 우린 그 인생의 돌덩이들을 딛고 세월을 건넜습니다. 어떤 돌덩이는 적당한 크기에 안정적이어서 편안히 건넜고, 어떤 돌덩이는 뾰족하고 불안정해 두려워하며 건넜습니다. 그 돌덩이들은 우리가 인생 항로에서 만난 징검다리입니다. 징검다리는 한 개인의 인생에서 일어난 중요한 '사건'입니다. 즉 인생의 시작부터 현재까지 무의식적으로 떠올리게 되는 사건을 말합니다.

'징검다리 글쓰기'를 위해 징검다리 목록을 써 보길 제안합니다. 현재 여러분의 인생에서 중요한 의미를 지닌 사건을 선택하기 위해서입니다. 방법은 다양합니다. 연대기 순으로 목록화할 수 있고 무작위 순으로 할 수도 있습니다. 내 삶을 돌아보며 떠오르는 장면들을 기록하십시오. 그리고 당시 나이와 주요 공간, 관련 인물을 쓰십시오. 그때 감정 상황을 기억나는 대로 구체적으로 묘사한 후 당시의 자신에게 말을 걸어 보십시오. 짧은 문장 속에 수년에 걸쳐 만들어진 기억들이 소장될 것입니다.

또 감정(마음), 사고(정신), 직관(영혼), 감각(육체)의 렌즈를 끼고 삶을 바라볼 수 있습니다. 예를 들어 감정의 렌즈로 인생을 바라본다면 사랑받고 돌봄을 받았던 기억, 누군가 떠나서 슬펐던 기억, 자신감을 잃어버리고 혼란스러웠던 기억, 다시 회복되고 도전해 성취했던 기억 등의 목록을 쓰십시오. 사고의 렌즈로 인생을 바라본다면 책임감이란 단어를 배웠던 사건, 삶의 우선순위를 깨닫게 해 준 사건 등의 목록을 쓰십시오.

인생을 아우르는 글쓰기를 통해 운명을 형성한 사건들과 순간을 다시금 포착할 수 있습니다. 그 시간을 회상하면서 불완전하게 남겨진 교훈들에서 아직 배워야 할 것이 있음을 알게 됩니다. 제대로 치료되지 않은 오래된 상처들이 치료받아야 할 시기임을 발견하게 될 것입니다. 징검다리 글쓰기를 하면 한눈에 인생의 흐름을 볼 수 있고 자각하지 못했던 자신의 어떤 부분을 알 수 있습니다. 태어나서 지금까지 우리는 그 인생의 징검다리를 건너왔습니다. 그리고 계속 새로운 징검다리를 건너야 할 것입니다.

글쓰기를 돕기 위해 잠시 눈을 감고 천천히 호흡하며 머릿속으로 떠올려 보십시오. 출생에서부터 현재까지 내 인생이 어떻게 펼쳐지고 있는지 느껴 보세요. 내가 말하고 싶은 사건들도 떠오를 것입니다. 이것들이 내 인생의 징검다리들입니다. 심호흡하고 인생의 징검다리 목록을 쓰기 시작하십시오. 1~6번 목록을 다 쓴 후 자신의 이야기를 서술형으로 써내려 가십시오.

징검다리 목록 쓰기

1. 정서적 성장에 영향을 준 사건

2. 대인관계에 변화를 준 사건

3. 가치관 변화에 영향을 준 사건

4. 가장 견디기 힘들었던 사건

5. 성취한 것 중 가장 의미 있는 것

6. 자신의 신앙생활에 영향을 준 사건